Z+.2222
H-A-2

20459

DICTIONNAIRE CRITIQUE, PITTORESQUE ET SENTENCIEUX,

Propre à faire connoître les usages du Siecle, ainsi que ses bisarreries.

Par l'Auteur

DE LA CONVERSATION AVEC SOI MEME.

TOME SECOND.

A LYON,

Chez BENOÎT DUPLAIN, Libraire, rue Merciere, à l'Aigle.

___

M. DCC. LXVIII.

Avec Approbation & Privilege du Roi.

DICTIONNAIRE
CRITIQUE,
PITORESQUE
ET SENTENCIEUX,

Propre à faire connoître les usages du siecle, ainsi que ses bizarreries.

M A

MACARONI. Petits morceaux de pâte coupés par tranches qu'on fait bouillir dans du jus, & qu'on saupoudre de fromage de Parmesan. Les macaroni deviennent à la mode en France même, où l'on ne pouvoit pas les supporter, & l'on en sert des pâtés dans les meilleures tables. Il n'y a point de farces Napolitaines où il ne soit question de macaroni, ce qui ne prouve pas le bon goût de ceux qui les entendent.

MACHINISTE. On n'a pas vu de siecle aussi célebre que celui-ci, dans l'art de construire des machines, ni aussi abondant en Machinistes.

MADAME. On appelle de ce nom les filles des Rois de France, & les filles consacrées à Dieu par la profession Religieuse.

MADEMOISELLE. Il n'y a point de fille à qui l'on ne donne maintenant ce nom par un abus que l'amour & la flatterie, ont introduit.

MADRÉ. Mot qui subsiste encore malgré le rafinement du langage. On dit d'un homme rusé, c'est un madré compere.

MADRIGAL. La saison des madrigaux est entiérement passée. Saint

Gelais fut le premier Poëte qui introduisit le nom de madrigal dans la Poésie Françoise.

MAGASIN. La tête d'un Savant est un magasin de richesses.

MAGIE. Les magiciens doivent être traités comme des superstitieux, & des insensés. Les yeux d'une jolie femme ont un charme magique, pour corrompre les cœurs.

MAGISTRATURE. Espece de Sacerdoce qu'exercent ceux qui sont préposés pour rendre la justice, & qu'on ne peut assez respecter.

MAGNANIME. Il faut être en place, & avoir le cœur grand, pour pouvoir mériter un si beau nom.

MAGNIFICENCE. Vertu qui aime à se signaler par des dépenses, & par l'éclat. Il convient qu'un Prince soit magnifique, & non un Financier qui, quelque riche qu'il puisse être, ne doit jamais oublier son état.

MAGOT. Nom qu'on donne à de petites figures de porcelaine ou d'émail grotesquement travaillées, & qui convient à bien des personnes.

MAHOMETISME. La plupart des Chrétiens donnent tout aux sens comme les Mahometans, & désirent comme eux un paradis tout sensuel.

MAI. Le plus joli de tous les mois, par le charmant spectacle que la nature renaissante met sous les yeux.

MAJESTÉ. Nom qui ne convient qu'à Dieu, & aux Rois son image.

MAJEUR. Les Rois de France sont majeurs à quatorze ans, & leurs sujets à vingt-cinq.

MAIGRE. On dit du style d'un ouvrage qu'il est maigre, lorsqu'il n'a point de consistance.

MAIGRIR. Les jolies femmes sont au désespoir quand elles commencent à grossir, & il n'y a rien qu'elles ne tentent pour pouvoir maigrir. *Chelise* perd son appétit, & ses couleurs, sa poitrine s'altere, son visage s'allonge, ses yeux se creusent, son corps diminue, & quelle est la cause d'un changement si cruel, & si subit. *Chelise* dans la crainte de perdre une taille élégante & légere, a bu du vinaigre comme les autres boivent du vin, & pour n'être pas trop puissante, elle devient pulmonique, & périra avant que l'hiver arrive; mais qu'importe ? plutôt périr que de survivre à sa beauté ?

MAIL. Nom qu'on donne aux promenades plantées par allées, & à un jeu qui consiste à pousser une boule par le moyen d'un maillet serré, le plus loin qu'on peut. Les mails de Tours, d'Orléans & de Rouen sont les plus beaux qu'il y ait en France.

MAILLÉ. On dit d'un homme

qui entre dans l'âge viril qu'il eſt maillé, comme on le dit d'un perdreau qui commence à devenir perdrix.

MAINS. On ne dit plus que parmi les Italiens, je vous baiſe les mains.

MAINTIEN. C'eſt un mérite que d'avoir un bon maintien.

MAISON. Celle d'un ſimple Bourgeois étonne par ſa grandeur, & par ſes meubles.

MAITRE. Les bons maîtres font les bons domeſtiques, & l'on ne ſe plaint ordinairement de ſes gens, que parce qu'on eſt ſoi-même ou trop facile, ou trop capricieux. Le mari qui veut être maître de ſa femme en eſt ordinairement le valet.

PETIT-MAITRE. C'eſt un ſurtout de caprices & de futilités, qui prend toutes ſortes de figures, & qui paroît ſous je ne ſais combien de couleurs. *Troſſile* traite les minuties en grand, & les affaires sérieuses en bagatelles. Il est au jeu, au spectacle, à la Cour, à la ville, aux boulevards, au Palais-Royal ; de sorte qu'on l'a vu par-tout presqu'au même instant, & c'est sa fureur de se multiplier. Il passe des plus grands maux, à la plus brillante santé, il parle de tout, ne doute de rien, s'éleve à la plus grande hauteur, descend à la plus basse familiarité, néglige toutes les femmes du bel air, ne fait que papillonner auprès d'elles, pour courir se fixer pendant des heures entieres, chez une espece qu'on n'ose nommer : enfin *Trossile* joue tous les rôles, excepté celui d'homme raisonnable.

PETIT-MAITRE Manqué. Il n'y a guere d'élégant à qui l'on ne donne ces épithetes, parce que le personnage d'un fat, n'a rien que de ridicule & de défectueux.

MAITRESSE. Qui n'en a pas,

doit en avoir une. Telle est la mode, tel est le ton, de sorte qu'on prend une fille affichée pour en faire sa société, quoiqu'on n'ait souvent pour elle, ni attachement, ni goût; mais uniquement parce que le monde est ainsi disposé. Quelle folie!

MAL. Ce que nous appellons mal Napolitain, les Italiens l'appellent mal François, avons-nous raison, ont-ils tort? je n'en sais rien, ni ne veux le savoir. Ce qu'il y a de certain c'est que ce mal qu'on regardoit autrefois comme une infamie, est devenu une maladie du bel air, & qu'on s'expose à le prendre sans la moindre peur, quoiqu'il y ait tout à perdre, & rien à gagner.

MAUX. Le meilleur calculateur ne pourroit les compter, si l'on joint à ceux du corps, ceux de l'esprit. Cependant au milieu de tant de miseres, on s'amuse, on badine, on rit, & l'on meurt sans reflexion, comme on a vécu.

MALAISÉ. La plupart des riches sont malaisés, & cela ne peut être autrement, tant qu'un luxe excessif sera l'unique regle des dépenses.

MALBATI. Quelque régulier que soit un château, il y aura toujours des critiques qui le trouveront mal bâti. L'amour propre trouve son compte à ne point admirer.

MALE. Le style de Bossuet est aussi mâle, que celui de Fenelon est efféminé.

MALENCONTRE. La plupart des mariages pourroient perdre leur nom, pour prendre celui-là.

MALFAIT. Il n'y a guere de bossus, qui se croient *malfaits*. Flafor ne se donne des airs, & ne fréquente le Palais-Royal à l'heure de midi, & de cinq heures du soir, que parce qu'il ne peut se persuader que sa figure grotesque fait rire les passants.

MALHEUREUX. On entend par ce mot un homme qui a des crimes, ou des revers. Le malheur s'attache souvent à ceux qui méritent le plus de bonheur.

MALHONNETETÉ. L'antipode de la politesse, & que le monde pardonne moins qu'un vice.

MALICE. Ce n'est souvent qu'un jeu d'esprit qu'on excuse en faveur de l'intention ; on aime beaucoup mieux un homme malin, que trop bon.

MALPROPRETÉ. On peut l'appeller la fille de la paresse, & la mere du dégoût. Les Hollandois font trop propres, & nous ne le sommes point assez.

MALSAIN. On dira jusqu'à la derniere génération que le melon est malsain, quoiqu'il tempere les ardeurs de la bile & du sang, parce qu'on ne fait que copier & répéter.

MAMAN. Mot d'enfant pour dire mere, & qu'emploient les libertins à l'égard de l'objet de leur passion.

MANCHES. Garnitures de gaze ou de dentelles à deux ou trois rangs, que les femmes attachent au bras, & qu'elles appelloient autrefois engageantes.

MANCHETTES. On ne les porte plus qu'en dentelles, ou qu'en entoilages, les brodées étant devenues la parure des petits Bourgeois.

MANCHON. Espece de demi manche de la peau de quelqu'animal dont on se sert l'hiver par élégance, ou par besoin. La forme des manchons varie continuellement. Aujourd'hui les hommes s'en tiennent à de petits manchons doublés de duvet, & garnis de satin noir, ou gris.

MANDEMENTS. Les plus beaux sont ordinairement ceux qu'on fait faire.

MANEGE. Exercice qu'on fait faire à un cheval pour le dreſſer. On donne auſſi ce nom au lieu où ſe fait l'exercice. Le plus beau manege eſt maintenant à Saumur à l'uſage des Carabiniers, ce corps ſi brillant & ſi diſtingué.

MANEGES. Petites ruſes ſécrettes qu'emploient bien des hommes parvenus, pour pouvoir ſe ſoutenir, & bien d'autres pour pouvoir parvenir.

MANEQUIN. Nom que les peintres, & les ſculpteurs donnent à une figure de cire, ou de bois qui leur ſert à diſpoſer les draperies de leurs ouvrages.

MANGER. Les Italiens diſent qu'ils ne mangent que pour vivre, & que les autres nations ne vivent que pour manger.

MANIE. Chacun a la ſienne, & c'eſt cette diverſité, qui forme les différentes opinions.

MANIERES. Façon de se mettre, de se présenter, & d'agir. Les jeunes gens curieux de plaire, ne s'attachent qu'à être bien mis, & bien maniérés. Ils s'exercent devant un miroir à sourire avec finesse, à prendre du tabac avec grace, à donner un coup d'œil avec subtilité, à faire une révérence avec dextérité. *Amur* ne sort pas depuis trois mois. On ne sait s'il boude, ou s'il est malade; ses gens ont ordre de dire que Monsieur n'est pas visible, & rien de plus. *Amur* ne veut plus qu'on lui reproche de n'être pas assez maniéré, il a pris des maîtres qui le dressent selon les façons du monde, & le goût du temps, & il ne sortira point qu'il n'ait des airs d'impertinence, & qu'il ne sache parler gras.

MANOIR. Terme qu'on emploie dans le style familier, pour dire une maison.

Ami fuyons cette maison
Plus affreuse qu'une prison,
Je sens une frayeur mortelle,
Et je viens de m'appercevoir
Que le maître de ce manoir
Y mit le diable en sentinelle.

MANTEAU. Il n'y a plus que les Gardes du Roi, les Cavaliers, & quelques négociants qui portent des manteaux, lorsqu'ils sont en voyage. La mode en a passé depuis l'usage des redingottes ; & il faut avouer que le manteau, quoique très-bon contre la pluie, est un vêtement incommode, pour peu qu'on veuille agir. Les Abbés poupins savent tirer parti de leur manteau court.

MANTEAU DUCAL. Terme de blason, & qui signifie un manteau *herminé*, sur lequel les armes d'un Duc sont toujours placées, comme une marque de dignité.

MANTEAU. Rolles à manteau. C'est ainsi qu'on appelle certains personnages de Comédie, auxquels ce vêtement est convenable à cause de leur âge, de leur caractere, & de leur condition.

MANTELET. Diminutif de manteau, que les femmes portent sur leurs épaules, & qui n'est qu'un tiers de ces capes dont on se sert encore dans quelques Provinces du Royaume. Le mantelet qui est ordinairement de taffetas, ou de satin, est fort décent, mais on a grand soin qu'il le soit un peu moins, en l'arrangeant de maniere qu'il puisse voltiger, & laisser entrevoir ce qu'on n'est pas fâché de montrer.

MANUFACTURES. On les a tellement multipliées depuis quelques années, pour fournir au luxe, que l'agriculture en souffre, & que les terres manquent de laboureurs. Il est à propos que les petits états n'aient que des colons, & les Royaumes des manufacturiers; mais il est dangereux de trop appauvrir les campagnes, en multipliant trop les ouvriers soit en laine, soit en soie.

MANUSCRIT. On a tellement la fureur de faire imprimer tout ce qu'on imagine, qu'il ne reste guere d'ouvrages en manuscrit.

>Un ignorant hérita
>D'un Manuscrit qu'il porta
>Chez son voisin le Libraire,
>Je crois, dit-il, qu'il est bon,
>Mais le moindre ducaton
>Seroit bien mieux mon affaire.

MAQUERAU. Personnage infâme, & qui seroit presqu'en honneur si l'on en jugeoit toujours par la qualité de ceux qui l'exercent, comme le moyen souvent le plus sûr d'augmenter leur fortune, & leur crédit.

MARAIS. Quartier de Paris aussi beau qu'il est désert, & où l'on n'apprend les nouvelles que deux jours après qu'on les sait au Palais-

Royal. C'eſt là que bien des veuves de diſtinction ſe retirent, quand elles commencent à vieillir, & ſouvent très-mal à propos, car ſe trouvant iſolées, elles reçoivent tout le monde aſſez indiſtinctément, & des chevaliers d'induſtrie en profitent, pour s'y faire préſenter, pour jouer le rôle de complaiſants, & pour les dupper.

Le ton du Marais eſt tout différent de celui du Fauxbourg Saint Germain, & de Saint Honoré. La crainte qu'on a d'y manquer de ſociété, fait qu'un Portier laiſſe entrer tous ceux qui ſe préſentent, au lieu que dans les quartiers les plus bruyants, & les plus diſtingués, un Suiſſe inſolent ne ceſſe de dire que Monſieur, ou Madame n'eſt pas viſible.

Florimene d'une jolie figure, comme d'un joli nom, n'a point d'autre revenu, ni d'autre eſpérance que le canton du Marais où il a le bonheur d'être connu, & où sa complaisance auprès d'une vieille Marquise lui vaut l'avantage de se soutenir à Paris d'un air brillant, & d'y entretenir sourdement une petite maîtresse, qu'on va voir en catimini, & avec qui l'on est, tandis qu'on fait dire à la douairiere, qu'on ne peut sortir, & qu'on est malade. Que de *Florimenes* paroîtront encore sur la scene du monde.

MARASME. Nom que les Médecins donnent à une mauvaise disposition du corps, qui le fait tomber insensiblement dans une excessive maigreur, & qui est une suite ordinaire de la pulmonie. Ce mot donne un air d'importance, quand on sait le placer à propos. Aussi est il fort usité chez les petits-maîtres, & chez les pédants.

MARATRE. Ce ne sont pas toujours les belles-meres qui sont la fonction de maratres.

MARBRE. Pierre dure, & veinée, & qui reçoit un très-beau poli. Un Hôtel n'est pas à la mode si le marbre n'y est prodigué, & sur-tout celui de Genes & de Carrare.

MARCHAND. Celui qui achete & qui vend, & dont la profession est aussi honnête, qu'utile au public.

MARCHANDISE. La bonne n'est jamais chere ; & celle de contrebande paroît toujours la meilleure. Il y a des femmes qui passent leurs jours entre des marchandises & des marchands. On dit d'un homme qui s'applique continuellement à faire des vers, qu'il en fait métier & marchandise.

Qu'un honnête homme une fois en sa vie
Fasse un Sonnet, une Ode, une Élégie,
 Je le crois bien,
Mais que l'on ait la tête bien rassise
Quand on en fait métier & marchandise,
 Je n'en crois rien.

MARCHER. Ce n'eſt pas une choſe indifférente pour un perſonnage qui veut être élégant depuis la tête juſqu'au talon. Auſſi regarde-t-on comme une gentilleſſe l'art de ne marcher que ſur la pointe du pied ; admirez *Mylerte* ; car il ne va comme vous voyez, que pour être admiré. Il ne marche pas, mais il voltige, il ne fit jamais des pas, mais des rigodons.

MARCHÉ. Les Anglois mépriſoient autrefois tout ce qui étoit à bon marché, & ne jugeoient de la bonté d'une choſe que par ſa cherté ; mais c'étoit autrefois.

MARECHAL de FRANCE. La premiere dignité militaire, qui rend Général né des Armées, & Juge de la Nobleſſe. C'eſt la plus belle illuſtration qu'une famille puiſſe avoir, & qui fait époque juſque dans les générations les plus éloignées. Le Tribunal des Maréchaux de France eſt rédoutable pour les Egrefins qui ne ſavent ce que c'eſt que de payer. On eſt jugé ſur la ſeule parole, quand il n'y a point de billet.

MARÉE. Les friands connoiſſent dans Paris les maiſons où l'on mange la meilleure marée les vendredis & ſamedis, & ne manquent pas de s'y trouver. On le ſait, & on les attend.

MARGE. Les Savants ſont ſujets à charger les marges des livres de notes & de reflexions; quelquefois cela rend un livre plus précieux, & plus ſouvent cela en diminue le prix.

MARGOT. Nom que le vulgaire donne aux pies, ces oiſeaux babillards que les Cordonniers ont pris en affection.

MARGUERITE. Jolie petite fleur qui vient au mois de Mai, & dont le jus pris en breuvage eſt excellent pour toutes ſortes de plaies, & de fractures.

MARGUILLIER. Administrateur des choses qui appartiennent à l'Eglise. Les marguilliers sont toujours laïcs, & les plus grands Seigneurs sont volontiers marguilliers d'honneur.

MARI. Quelle charge, & quel nom, lorsqu'on a pour femme une harpie! Mais l'époux & l'épouse ont si bien arrangé les choses, en allant chacun de son côté, qu'il est presqu'impossible de sentir le joug de l'hymen, à moins qu'on ne soit dans une espece d'indigence ; car alors que ne se reproche-t-on pas ?

Il y faut joindre encor la reveche bisarre
Qui sans cesse d'un ton par la colere aigri,
Gronde, choque, dément, contredit un mari.

MARIAGE. L'union la plus délicieuse quand on n'est qu'un cœur & qu'une ame, mais le lien le plus cruel, quand on ne peut se souffrir. Le mariage qui devroit être le fruit de l'estime, de la sympathie, & de l'amour, est exactement le jeu de collin-maillard, où l'on se prend fans fe voir. C'est toujours la fortune, ou le hasard qui décide d'un établissement sur qui doit rouler tout le bonheur, ou le malheur de la vie. *Tilisse* a la plus jolie femme de l'univers, le plus spirituelle, la plus aimable, & il la rejete, & la méprise pour courir après une malheureuse dont la figure fait peur, & qui n'a d'esprit que pour contredire, & pour gronder.

MARIER. On ne se marie que pour avoir un héritier, & lorsqu'il est venu, on fraude les droits du mariage, pour ne plus avoir d'enfants. Le plus beau mariage est celui de l'esprit & du cœur, mais ils font comme les époux du siecle presque toujours en contradiction.

MARIE. Nom de Baptême qu'on ne donne plus guere aux filles de qualité, comme étant trop commun,

MARINE. On appelle ainsi le corps militaire qui sert sur mer, & ce corps est aujourd'hui plus distingué que jamais.

MARIONETTES. Petites poupées qu'on fait paroître sur un petit théatre, & qu'on fait parler d'une maniere comique. Ce spectacle tout puérile qu'il est, amuse quelquefois un Philosophe, & cela ne doit pas étonner, quand on sait que les hommes qui pensent le plus profondément, ont besoin de se recréer à la maniere des enfants. *Silas* donne au public les ouvrages les plus sérieux, il ne loue que la sagesse, & ne traite que des sujets de morale & de Religion, & néanmoins *Silas* en compagnie est l'homme du monde le plus agréable, & le plus enjoué. Je n'en suis nullement surpris. Il a épuisé sa tête, il a fatigué son esprit, & il faut qu'il se dissipe, & qu'il dise des riens, pour avoir écrit

écrit de très-excellentes choses.

MARMELADE. La meilleure est d'abricots, & c'est toujours à coup sûr le ragoût des dévots.

MARONNIER d'Inde Le plus bel arbre, le plus magnifique & le plus majestueux, mais le plus mal-propre, & le plus incommode lorsque son fruit vient à tomber. Il fut apporté des Indes Orientales en 1615. Bien des personnes lui préferent l'ormeau & le tilleul.

MAROQUIN. Peau préparée avec la noix de galle, & teinte ensuite de la couleur qu'on veut. On s'en sert beaucoup dans le Royaume de Maroc d'où lui vient sans doute ce nom. Les bibliotheques choisies n'ont que des reliures en maroquin.

MAROTTE. Espece de caprice qu'on a pour une chose plutôt que pour une autre, sans en pouvoir rendre raison. On dit que chaque personne à sa marotte, & l'on ne se trompe pas.

MARQUETERIE. Ouvrage en ménuiserie composé de feuilles de différents bois précieux, & représentant diverses figures : ces sortes d'ouvrages sont fort à la mode.

MARQUIS. Il y a des Gentilshommes qui n'en ont que le titre, & d'autres qui ont le Marquisat, mais.

Depuis que de son chef, chacun s'est Marquisé,
On trouve à chaque pas un Marquis déguisé.

Le nom de Marquise sied au mieux à une petite-maîtresse friande d'honneurs & de compliments.

MARS. Mois qui par ses giboulées exprime toute l'inconstance des lunatiques, & des femmes.

MARTINET. Espèce de petite hyrondelle qui a le dos noirâtre & le ventre blanc, c'est un air que d'aller quelquefois tuer des martinets.

MARTYRE. L'amour n'a plus guere de martyrs. On n'aime pas à soupirer.

MASCARADES. Les plus belles sont en Italie, & sur-tout à Venise où l'on se masque pendant plus de la moitié de l'année.

MASQUE. Il veut quelquefois dire une personne masquée, & quelquefois un morceau de velours noir, ou de toile plâtrée avec quoi l'on se cache le visage. Il y a des personnes qui n'ont d'esprit que sous le masque, parce qu'alors il n'y a point de timidité qui les empêche de parler. Le plaisir de se masquer est ordinairement plus agréable que celui du bal.

MASSE. Il n'y a guere d'ouvrage sur la législation, ou sur l'humanité, où on ne voie souvent, & très-souvent le mot de masse répété. La masse des forces, la masse des vices.

MASSEPAIN. Pâte compofée d'amandes, de fucres, & d'avelines, fort en ufage chez les Religieufes & leurs Directeurs.

Car de tous mets fucrés, fecs, en pâte, ou liquides,
Les eftomacs dévots furent toujours avides,
Le premier maffepain pour eux, je crois, fe fit,
Et le premier citron à Rouen fut confit.

MASSIER. Les Cardinaux à Rome, & le Recteur de l'Univerfité de Paris, font précédés de Maffiers quand ils marchent en cérémonie.

MASSIF. Les Allemands, & les Ruffes ont des habits maffifs d'or & d'argent, les jours de gala, au-lieu que le François fait confifter la beauté dans la délicateffe d'une étoffe, & non dans fa richeffe. Les Hollandois ont une furabondance de raifon, mais l'efprit affez communément maffif.

MASSUE. Le chagrin pour certaines personnes est un coup de massue, & pour d'autres un vent qui souffle & qui passe.

MASTIC. Les Romains avoient l'art de mastiquer leur maçonnerie, de maniere à la rendre presque éternelle.

MASULIPATAN. Toiles fines des Indes qui se vendent à l'aunage, & qui ont une mesure déterminée dans leur forme, pour leur servir de mouchoir. Ces toiles ont fort renchéri depuis quelque temps.

MASURE. Il y a souvent plus de bonheur dans une masure, que dans un palais ; mais à moins que d'être Philosophe, la vanité ne trouve pas son compte à se loger ainsi.

MATELAS. Il y a des matelas pour les fauteuils, pour les carrosses, & pour les lits, & la mollesse est assez ingénieuse pour se procurer les meilleurs, sans qu'il soit besoin de les indiquer.

MATELOT. Homme qui sert à la manœuvre des vaisseaux, & qu'on regarde comme extrêmement essentiel, lorsqu'on connoît les avantages de la navigation.

MATELOTE. Ragoût fait avec de l'anguille & de la carpe, & que les bateliers font infiniment mieux que les plus habiles cuisiniers.

MATHEMATIQUES. Il en est de cette science comme de la langue Grecque. La plupart de ceux qui l'étudient, ne font que l'effleurer.

MATERIAUX. Et non Materaux. Autrement parties qui doivent servir à la composition de quelqu'ouvrage.

MATERIALISTES. Secte fort répandue, & fort à la mode, qui croit que la matiere est éternelle, & que notre ame n'en est qu'une modification. Cette monstrueuse opinion n'est étayée que sur des doutes, des objections, des hypotheses, & ne s'accrédite qu'à l'aide du luxe & de la volupté. *Myssin* étoit un bon garçon sans esprit, sans savoir, mais il a fréquenté quelques matérialistes, il les a entendu sophistiquer, & depuis ce moment, il a renoncé à sa Religion & à sa foi, pour adopter des extravagances, & ce qu'il y a de plus étrange, c'est que *Myssin* parmi les esprits à la mode, passe maintenant pour un génie, & est inscrit dans le catalogue des Philosophes.

MATIERE. Nous savons si peu de chose, que nous ne pouvons dire précisément quelle est l'essence de la matière, & l'on n'a pas honte d'attaquer les mystéres de la Religion, uniquement parce qu'ils sont incompréhensibles.

MATIN. Cette partie du jour

qui en est le commencement, n'est connue ni des jolies femmes, ni des gens du bel air. On repose tandis que tous les hommes qui savent exister se levent, afin de prolonger leur existence, & de travailler au bien de la société. *Geran* sonne, on accourt, il ouvre une large bouche, & gronde avec fureur de ce qu'un horrible fracas vient de le réveiller, dans le temps du repos, & du sommeil, & ce temps est précisément midi.

MATINÉE. La plupart des gens de lettres saisissent ce temps comme le plus propre au travail, sans faire attention que si ce qu'on écrit le matin est plus correct, ce qu'on compose le soir a beaucoup plus de feu. Le matin est l'instant du flegme, & le soir celui de l'agitation.

MATINEUX. Quand on n'est pas matineux, on ne trouve plus dans la journée que des moments de difsipation, & des besoins qui empêchent de s'appliquer.

MATOIS. Les habitants de Lucques, & bien d'autres, sont de fins matois.

MATRIMONIAL. Il n'y a rien de si vîte oublié, que les conventions matrimoniales.

MATRONE. Nom qui se donnoit autrefois à des femmes très-distinguées, & qui ne sert plus qu'à désigner une sage femme.

MATURITÉ. Le plus heureux de tous les âges est celui de la maturité. L'on se sent exister, & l'on se trouve entre la fougue de la jeunesse, & la lenteur de la vieillesse.

MAUSOLÉE. La vanité des Grands se repaît des honneurs qui doivent suivre leur mort, & ils regardent en conséquence comme une seconde vie, l'avantage d'être rendu trait pour trait dans un mausolée. Cependant la mode de ces sortes de décorations commence à se passer. Elles ne devroient être en usage que pour les Princes, & les hommes célebres qui se sont immortalisés.

MAUVAIS. On n'a jamais tant vu de mauvais livres, soit qu'on les considere du côté des choses, soit qu'on les examine du côté du style. Les hommes en général sont mauvais, & ils ne cherchent qu'à se dépouiller, & à se déchirer.

MAXIMES. Axiomes, ou sentences.

On ne peut trop louer trois sortes de personnes,
Les Dieux, ses Amis & son Roi,
Malherbe le disoit, j'y souscris quant à moi,
Ce sont maximes toujours bonnes.

Les maximes du temps sont détestables, & ne tendent rien moins qu'à introduire un esprit de désordre, & d'indépendance.

MAXIME. En musique c'est le

nom d'une note qui vaut douze mesures, & qui s'exprime par un quarré long avec une queue.

MECHANIQUE. La science des machines, & qui a été merveilleusement perfectionnée depuis le commencement du siecle. On appelle arts méchaniques, ceux qui sont opposés aux libéraux. Il y a des Auteurs qui écrivent méchaniquement.

MECENAS. Favori d'Auguste protegeoit les sciences & les Savants, & depuis ce temps on a donné ce nom à tout homme en place qui aime les Muses, & qui les oblige.

On doit tout espérer d'un Monarque si juste,
Mais sans un Mecenas, à quoi sert un Auguste.

MECHANT. Le monde est réellement méchant, & les reproches qu'on lui fait à ce sujet sont très-bien fondés. *Claris* arrive dans une ville où le bon air, le bon marché, la bonne compagnie l'attirent, il y vient avec des lettres de recommandation, & il est réellement recommandable par ses mœurs, par son esprit, & par mille bonnes qualités. Il salue tout le monde, il ne parle mal de personne, il paie exactement, & toutes les sociétés le déchirent, lui disputent sa naissance, s'informent de ses rélations, dévinent son bien, interpretent en mauvaise part ses actions les plus simples, ses paroles les moins apprêtées, & finissent par le faire passer pour un aventurier, comme s'il n'étoit pas permis à un galant-homme de se fixer là où il veut. L'hyrondelle qui vient parmi nous chaque année, trouve-t-elle une aussi mauvaise réception parmi nos oiseaux qui la voient arriver ? ne la laissent-ils pas aller & venir à son gré, faire son nid où bon lui semble, & vivre comme elle veut ? Une femme méchante comme elle n'est distraite ni par des affaires, ni par des voyages, ni par des études, l'emporte en méchanceté sur l'homme le plus mauvais. Elle a tout le temps de savourer sa malice, & de la raffiner, & sa bavardise ne sert qu'à l'augmenter.

MECOMPTE. On ne se trompe guere dans presque tous les calculs, qu'à son propre avantage.

MECONNOITRE. On méconnoît en plein jour un homme qui a du mérite, s'il est mal habillé, & l'on se méconnoît soi-même quand on est un homme parvenu.

*Et mille fois un fat finement exprimé
Méconnut le portrait sur lui-même formé.*

MECONNOISSABLE. Les voyages, & les années nous rendent méconnoissables aux yeux de nos amis, & de nos parents.

MECONTENT. Rien de plus ennuyeux que la converfation d'un homme mécontent, il revient cent fois fur le même objet & il veut qu'on voie les chofes comme il les voit.

MECREANT. Celui qui n'a pour lui que fa propre autorité dans les matieres de Religion, & qui refufe à l'Eglife le privilege de l'infaillibilité, pour fe l'attribuer à lui-même, voulant être juge & partie tout-à-la-fois.

MEDAILLISTE. Antiquaire qui a fait une étude particuliere des médailles; cette connoiffance eft extrêmement utile pour l'hiftoire, pour la chronologie, & pour les ufages.

MEDECINE. Science conjecturale qui procede du plus connu, au moins connu; & qui en cela, fait qu'on devine plutôt qu'on n'affirme. Si l'on connoiffoit la nature des maladies, on fauroit leur appliquer des remedes, mais le grand mal est, que le corps n'étant point transparent, & que les tempéraments étant tout différents, on donne souvent pour accélerer la guérison, ce qui la retarde, ou l'empêche entiérement. La médecine a l'avantage d'enterrer ses fautes.

MEDECIN. Il y en a de deux sortes. Les Médecins qui sont pour les maladies réelles, & d'autres pour les maladies imaginaires. Ces derniers conviennent sur-tout aux femmes, & pourvu qu'ils aient une agréable figure, un ton moelleux, quelques saillies divertissantes, ils se font une réputation éclatante. On ne badine les Médecins que lorsqu'on est en bonne santé. La fievre leur vaut tous les jours les plus grands hommages, de la part de ceux qui les plaisantoient. La médecine se trouve assujetie à la mode depuis quelque temps. En mourra-t-on plus vîte, en mourra-t-on moins ? grande question à résoudre, & dont les Médecins eux-mêmes donneront la solution, quand l'expérience les aura mis en état d'en juger.

Eleonor homme affectueux, joli, & agréable narreur est introduit chez une Marquise, par le plus heureux des hasards. Il ne voyoit de malades que ceux de l'Hôtel-Dieu ; il s'approche avec l'air le plus gracieux, & le plus intéressant, il tâte le pouls avec la plus grande dextérité, il annonce que le mal consiste dans des vapeurs, & que Madame n'a besoin que de quelqu'un qui sache l'amuser, il raconte à ce sujet deux histoires, ou deux fables dont la malade est enchantée, il sera toujours aux ordres de Madame, quand elle le fera avertir, il revient le soir, le lendemain, le surlendemain, & c'est une fureur de la part de la Marquise, d'avoir toujours auprès d'elle, un homme si savant, & si délicieux. Bientôt il n'est plus question que d'*Eleonor*. La Marquise l'a préconisé comme un autre Hypocrate, & tout le monde raffolle de lui, quoiqu'il n'ait jamais su ce que c'étoit que de guérir.

MEDECINE. Potion préparée, & toujours de maniere à causer les plus grands soulevements, & les plus cruelles nausées. Quand on trouve un moyen de rendre une médecine agréable, on est un grand Médecin. Que *Clarmin* Docteur, qui depuis plus de vingt ans garde l'incognito, vienne à paroître tout à coup sur la scene du monde, qu'il dise d'un ton hardi, que les différentes parties du corps humain, & du corps animal, ayant entr'elles une véritable analogie, & pouvant se réparer les unes par les autres, il faut manger du foie de veau, si l'on a mal au foie; des pieds de cochon, si l'on à mal aux pieds ; des tripes, si l'on sent des douleurs dans les intestins, & ainsi du reste, *Clarmin* aura des contradicteurs, excitera des plaisanteries, & des ris, mais finira par gagner tout ce qu'il voudra.

MÉDIOCRITÉ. La vraie richesse d'un homme qui pense, comme une situation qui nous plaçant entre les montagnes de l'opulence, & les précipices de la pauvreté, nous laisse à nous-mêmes sur un terrain uni, & dans le calme le plus heureux ; mais parler de la sorte, c'est tenir un langage inconnu. Il faut de l'or, il faut des pierreries, il faut des corteges, il faut des palais.

MEDIRE. Chose fort en usage, & qu'on conservera long-temps, malgré l'horreur qu'on devroit avoir de mal parler de son prochain. *Helene* depuis qu'elle sait articuler ; n'a pas eu d'autre conversation, qu'en entretien sur les défauts d'autrui. Elle fait toutes les nouvelles vraies, ou fausses qui tendent à décrier ses voisins, & presque ses amis, & elle les débite avec une effusion de cœur, qui annonce une ame noire & tout-à-fait corrompue. On l'écoute, on rit, parce qu'elle narre avec beaucoup d'agrément, mais intérieurement on la déteste comme la gazette scandaleuse de sa ville, & comme l'ennemie du genre humain.

L'ormes médit de moi, mais je n'en fais que rire,
Une chose pourtant me donne de l'ennui,
Il est ma foi si sot, qu'on n'en sauroit médire
Quelque mal qu'on dise de lui.

MEDISANCE. Quand elle vient de la part d'un méchant qui ne respecte ni la vertu, ni le ciel même, elle fait plus d'honneur qu'elle n'outrage. La médisance prouve un esprit stérile. *Erlon* ne médit jamais, parce qu'il n'a pas besoin d'un cannevas auſſi groſſier que des défauts, pour trouver moyen d'amuſer une ſociété.

MEDITER. Nous ſommes trop ſuperficiels, & trop frivoles pour entendre la force de ce mot; mais nos peres l'entendirent, & nos neveux le comprendront.

MEDITATION. Il n'y en a point de plus ſublime que celles de Mallebranche.

MEFIANT. On ne peut rien ſouhaiter de pire à un ennemi que de le voir devenir méfiant. La méfiance eſt le plus grand tourment de l'ame, & voilà ce qui fait que les jaloux ſont les hommes les plus malheureux. Qu'a-t-on dit de moi, reprend *Gaſpard*, après une hiſtoire qu'on lui raconte, que penſe-t-on de ma conduite dans telle circonſtance, n'eſt-ce pas de moi qu'on rioit au moment qu'on parloit tout bas. Les moindres geſtes, les moindes mots suffisent pour désoler *Gaspard*, & malheureusement pour lui, où ne dit-on pas des mots, où ne gesticule-t-on pas ? Le chat est le plus méfiant de tous les animaux.

MELANCOLIE. Maladie à la mode parmi les Anglois, & que nous commençons à prendre par imitation, comme une singularité qui fait tableau au milieu d'un monde sémillant & badin. *Sophie* n'a des langueurs, & des airs à la glace que depuis qu'elle sait que cela rend original ; & elle veut être mélancolique, plutôt que de n'être rien.

MELANGE. On fait des mélanges de littérature & de poésie, comme des mélanges de couleurs. Cette maniere d'écrire favorise tout à la fois la paresse de l'Auteur, & celle du Lecteur.

MELISSE. Plante qui a l'odeur du

citron, avec laquelle on fait une eau spiritueuse, mais qui n'est plus que pour le peuple, depuis qu'on a imaginé des eaux plus délicieuses & plus cheres.

MELODIE. Il n'y en a point de comparable à celle des Italiens, quand ils mêlent au son des instruments, le son de leur voix.

MELON. Fruit excellent, mais qu'on a peine à trouver dans sa bonté.

> Les amis de l'heure présente
> Sont du naturel du Melon,
> Il en faut goûter plus de trente
> Avant que d'en trouver un bon.

MEMBRE. Pour être membre de l'Académie, il faut beaucoup de mérite, ou beaucoup de protection.

MEMOIRE. Faculté de l'ame qui conserve ce qu'elle a vu, ou entendu. Elle ne se trouve pas toujours avec le jugement, & alors celui qui la possede, n'est qu'une bibliotheque renversée.

Comme Martin un jour se vantoit hautement
D'avoir une heureuse mémoire,
Vous auriez, dit Damon, honte d'en faire gloire,
Si vous aviez un peu de jugement.

MEMOIRES. Il se prend souvent pour des projets, & en ce sens on peut dire que si tous les mémoires qu'on fait aujourd'hui sur l'Agriculture se mettoient à exécution, le Royaume n'auroit pas assez de terrein, pour y suffire. Les mémoires du Cardinal de Retz, sont l'ouvrage le plus propre à faire connoître les hommes.

MENACE. Promesse qu'on fait dans la colere de nuire à quelqu'un, qui ne dure qu'un moment chez les personnes vives, mais qui subsiste long-temps chez les gens froids.

MENAGE. L'indigence est le trouble des menages, & outre cela il y a tant de miseres qui en alterent la paix, qu'on peut les regarder en général comme le centre des répentirs, des reproches & des chagrins. Il n'y a plus que les femmes d'artisans qui se mêlent du ménage.

MENAGER. On doit l'être de sa bourse, de son temps, & de sa santé, & c'est là précisément ce qu'on prodigue, comme si la perte de ces trois choses étoit un rien.

MENAGERIE. Nom qui désigne l'endroit où l'on rassemble différentes sortes d'animaux, & qui en cela peut convenir à bien des maisons où l'on ne trouve que des individus qui babillent & qui mordent.

MENDIER. C'est un métier pour certaines personnes, comme pour d'autres de travailler. Les mendiants ne sont pas les pauvres les plus à plaindre. Ils savent se dédommager du malheur qui semble les poursuivre, en se rassemblant dans des lieux écartés,

écartés, en y faisant bonne chere, & en se racontant mutuellement les stratagêmes qu'ils emploient pour tromper. Cependant comme dans le nombre de ces malheureux il y en a réellement qui souffrent, c'est un acte d'humanité que de les assister, & sur-tout lorsqu'ils sont hors d'état de pouvoir travailler.

MENÉES. Pratiques sourdes, & malheureusement trop connues de la part de ceux même qui affichent la probité.

MENER. Ce n'est pas connoître les bêtes, que de s'imaginer qu'on mene les sots comme on veut.

MENETRIER. Ce mot a vieilli, & veut dire un joueur de violon.

MENIN. Jeune Seigneur qu'on met auprès des enfants des Rois, à l'imitation des *Meninos* d'Espagne.

MENSONGES. Les enfants, les laquais, les femmes coquettes, & les amants, quatre especes d'êtres qui mentent volontiers. Le mensonge est odieux, mais pour l'adoucir, on le nomme hyperbole, ou plaisanterie.

MENTEUR. Un homme est tellement déshonoré quand il ment, qu'on ne peut lui faire un plus grand affront, que de lui donner un démenti. Monsieur Thiers dit qu'il y a des dévots indiscrets qui mentent par charité en faveur des Saints qu'ils aiment tendrement.

MENTON. Quel bonheur pour un petit-maître, quand il est bien arrondi, & tant soit peu fourchu.

MENTONNIERE. Morceau de linge large de trois doigts dont les Dames se brident le menton lorsqu'elles se coiffent.

MENUS. On appelle menus plaisirs, de petits divertissements ; & l'on dit à ce sujet qu'un mari donne tant à sa femme par an, pour ses menus plaisirs. On dit aussi le menu peuple.

MENUET. Danse dont les pas sont composés d'un coupé, d'un pas rélevé, d'un balancement, & dont l'air porte aussi le nom de menuet. C'est là qu'excelle l'élégance des petits-maîtres dans toute sa perfection. *Melidor* se balance, se penche, se réleve, & paroît danser à deux pieds de terre, tant il est agile & léger. Chacun le suit des yeux, chacun l'admire, & lorsqu'il finit, les battements de mains se succedent sans interruption. Voilà peut-être le seul moment de la vie où *Melidor* se croit le premier des hommes, & se sent exister.

MEPRIS. On n'a que des mépris pour l'indigence, eût-elle toutes les vertus & tout le génie possible pour accompagnement. Qu'est cet homme, dit *Nanine*, du personnage le plus capable d'éclairer son siecle, & sa nation, & dont les ouvrages attestent l'esprit, & le savoir ? qu'est cet homme là, dit-elle encore une fois, du ton le plus dédaigneux; & cela, parce qu'il n'a qu'un habit tout uni.

MEPRISER. Si les Grands méprisent les petits, ils peuvent bien se convaincre que ce n'est qu'un rendu. Le peuple ne manque pas de les prévenir dans ce genre de politesse.

MER. L'image du monde, & de toutes les passions qui l'agitent. La mer est comme bien des femmes, elle engage par son calme, les hommes à se confier à sa tranquillité, & aussi-tôt elle les trompe par la plus noire des perfidies, en devenant l'écueil le plus funeste.

MERCENAIRE. Il est peu d'ames à qui cette épithete ne convienne; mais on se masque de maniere, qu'on ne se montre que du bon côté.

MERCI. Dieu merci, pour dire graces à Dieu, mot populaire, &

que le beau monde n'emploie que par distraction.

MERCURE. On appelle de ce nom un valet complaisant, & combien n'y en a-t-il pas de cette trempe?

MERCURE. Mot célebre parmi les Médecins, & qui ne l'est guere moins parmi les jeunes gens, surtout lorsqu'ils ont vécu dans Paris.

MERCURE de FRANCE. Livre périodique qui se débite tous les mois, & qui rend compte de tous les ouvrages qui paroissent. Il fut commencé en 1672, & depuis ce temps on a toujours eu soin qu'il fût en bonnes mains.

MERE. Un fils ne pense point assez à tout ce qu'il doit à sa mere, & cependant que n'a-t-elle pas souffert pour lui donner la vie!

MERIDIEN. Le plus sûr méridien est l'estomac des gourmands accoutumés à dîner à midi.

MERIDIENNE. C'est ainsi que les Italiens appellent le temps qu'on donne au sommeil, sitôt après le dîner. La méridienne n'est en usage chez les François que parmi les Bénédictins qui tiennent cette coutume de leur Fondateur qui étoit Italien. Quelques Médecins la conseillent, & quelques autres la désapprouvent, ainsi qu'il en est de presque toutes les choses de la vie, dont on juge suivant qu'on est affecté.

MERITE. C'est aujourd'hui un avantage qui n'est que relatif, car on donne du mérite, selon qu'on est affecté. Cependant il y a un mérite réel indépendant de nos caprices & de nos opinions; mais il est très-rare, & se tient souvent caché : les hommes d'un grand mérite, ont presque toujours des persécuteurs.

Plus d'une fois Ariste éprouva de son temps
 Que les mérites éclatants,
 Soit à la Cour, soit à la ville,
Ont rarement un sort tranquille.

MERLAN. Poisson de mer, & dont la viande est si légere qu'on en donne aux convalescents, & même aux malades.

MERLE. Il s'en trouve de blancs, & il n'y a pas long temps, qu'il y en avoit un à la ménagerie de l'Empereur, que j'ai vu de mes propres yeux.

MERVEILLE. Mot qui ne devroit exprimer que quelque chose d'extraordinaire qui mérite l'admiration, & que la gentillesse du siecle emploie à tout propos pour signifier un rien. Ainsi le minois d'une jolie personne est une merveille, une chienne tigrée est une merveille, & un homme qui sait phraser, & se donner des airs, est un homme merveilleux.

MESALLIER. *Onille* est si fâchée de s'être mésalliée, que charmée d'être devenue veuve, elle est sur le point de se rémarier quoiqu'âgée de soixante & dix-neuf ans, pour ne pas avoir la douleur de mourir roturiere.

MESINTELLIGENCE. Ce qui ne se rencontre que trop souvent dans les armées, & ce qui engendre alors des esprits de parti, dont l'Etat souffre, & dont les particuliers paient quelquefois les intérêts aux dépens de leur propre vie.

Lorsque la mésintelligence s'introduit dans les Couvents, il n'y a pas un état plus cruel que celui des Religieux.

MESQUIN. *Joris* n'écrit que d'une maniere mesquine, & *Glabur* ne traite ses meilleurs amis que très-mesquinement.

MESSAGE. Les coquettes ont toujours des messages à faire, de sorte que c'est le rôle le plus pénible que d'être leur confident ou leur valet.

MESSE. La plupart des jolies femmes n'y vont que pour voir, &

pour être vues, & les élégants que pour y juger des visages, y exhaler des odeurs, étaler des bouquets, y tenir les propos les plus indécents, & s'en faire un spectacle ou un rendez-vous.

MESSIRE. Mot d'honneur qui se donne à la Noblesse, & qu'on n'emploie plus que dans des actes, & des contrats.

MESURES. Ceux qui prennent leurs mesures ne sont pas toujours ceux qui réussissent le mieux. La bonne politique veut souvent qu'on garde des mesures avec les personnes dont on a lieu d'être fort mécontent.

MESURER. On se mesure toujours de maniere à se croire un grand personnage. Chacun est content de son esprit, de sa figure, de son savoir, & il n'y a que de sa fortune dont on se plaint volontiers.

MÉTAIRIE. On donne aujourd'hui le nom de terre à la plus petite ferme, ou à la plus petite métairie.

MÉTAL. L'or & l'argent font deux métaux qui font faire bien des fottifes, & des friponneries; car on ne les emploie plus guere à de bonnes œuvres.

MÉTAMORPHOSES. Celles d'Ovide ne valurent jamais celles que nous voyons. La Cordonniere fe change en Bourgeoife, l'Avocate en Préfidente, la Marquife en Duchefle, tout jeune homme en petit-maître, & tout petit-maître en fat. Nos habillements ne font pas moins variés que nos airs. On ne voit que diverfités dans les manieres de fe vêtir, & il n'y a pas jufqu'à fon propre vifage, qui le foir n'eft pas le même que le matin.

MÉTAPHYSIQUE. Si l'on compofe quelqu'ouvrage où l'on donne tout aux fenfations, on eft affuré de paffer aujourd'hui pour un très-grand

Métaphysicien. Cependant la métaphysique telle qu'elle doit être entendue, n'est pas l'affaire de ce siecle-ci.

MÉTAPHORES. On ne donne des beautés, & de la force à la langue que par des métaphores ; mais souvent elles sont trop outrées.

MÉTEMPSYCOSE. Passage d'une ame, d'un corps dans un autre. Cette opinion toute extravagante qu'elle est a parmi nous des sectateurs. Quand on vit en bête, il est assez naturel de croire qu'on redeviendra bête.

METIER. Il y a des Auteurs qui font métier d'écrire, comme un Cordonnier de faire un soulier, comme une femme vieille d'être dévote.

Le métier de dévot, ou plutôt d'hypocrite,
Devient presque toujours la ressource des gens
Qu'une longue débauche a rendus indigents,
Des femmes que la beauté quitte

Ou qui d'un mauvais bruit n'ont pu se pré-
    server,
Et de ceux qui pour s'élever,
N'ont qu'un médiocre mérite.

MÉTIER. Les femmes ne brodent presque plus au petit métier, & je sais bien pourquoi.

MÉTHODE. On trouve peu de discours qui aient de la méthode. Pourvu qu'on se répande en de belles phrases, on se croit dispensé de prouver ce qu'on avance. Ce que Malbranche a dit sur la méthode, est vraiment un chef-d'œuvre.

METS. On les rend malfaisants à force de les raffiner. Tout est aujourd'hui tellement déguisé dans les cuisines & dans les offices, qu'on a de la peine à discerner ce qu'on voit, & ce qu'on savoure.

MEUBLES. Tout ce qui sert aux besoins & à la décoration d'une maison ; & ce qui est maintenant le plus grand objet de luxe & de dépense. On ne peut plus dormir que dans des lits superbes, & habiter un appartement s'il n'est magnifiquement boisé, avec un vernis, & des baguettes en or, ou s'il n'est tapissé de quelques damas à trois couleurs. Je passe devant l'Hôtel de *Myrtal*, qu'on démeuble en entier, & à l'aspect des tapisseries, & des tableaux qui en sortent, je demande si *Myrtal* est donc mort, ou s'il change de quartier, & l'on me dit, que quoiqu'il eût des meubles d'un grand prix, il ne les trouve pas encore assez précieux, & qu'il renvoie tout ce qui paroit son Hôtel, comme des chiffons propres à le déshonorer, pour se procurer tout ce que l'élégance a imaginé de plus beau; je réponds que *Myrtal*, n'ayant son mérite qu'en or, fait très-bien de l'étaler, & je continue mon chemin.

MEUBLE. Terme qui signifie dans la terre une sorte de sécheresse, &

de légéreté qui la rend facile à remuer, & qui paroît si charmant à tous ceux qui écrivent sur l'agriculture, qu'ils ne manquent pas de dire dans tous leurs mémoires, *une terre meuble.*

MEUTE. Troupe de chiens courants, & qu'on ne manque pas de se procurer, quand on veut prendre l'air Seigneur.

MI-AOUT. Mais qu'on doit prononcer mi-oût.

MICROSCOPE. Sorte de lunette qui grossissant beaucoup les objets, fait découvrir les moindres parties des plus petits corps. L'amour ne voit qu'avec un microscope, le mérite des personnes pour lesquelles il se passionne; il en est de même de l'esprit de parti.

MIDI. L'heure de presque tous les dîners provinciaux, & l'heure du réveil de la plupart des femmes, & des agréables qui suivent le tourbillon du monde & de la Cour.

MIE. Mot qui est un diminutif d'amie, & qui n'est resté que parmi les roturiers.

MIEL. Les Lithuaniens font tout simplement avec le miel & l'eau, une espece d'hydromel qui se garde pendant plusieurs années, ne differe pas du vin d'Hongrie, & que des Hongrois eux-mêmes ont jugé tel.

MIELLEUX. C'est le ton des dévots; mais il ne faut pas toujours s'y fier.

MIEUX. Le plus grand ennemi du bien, c'est le mieux.

MIGNARDISE. On peut dire qu'il y a trop de mignardises dans les ouvrages du temps, ainsi que dans les mœurs.

MIGNON. On appelle un visage délicat, un visage mignon, & ce mot s'emploie souvent à l'égard de ce qui est galant & joli.

MIGNONETTE. Espece d'entoilage dont on fait des manchettes, & qui jouent la dentelle.

MIGRAINE. C'est le nom d'un mal aigu qu'on ressent dans la moitié de la tête, & qui est causé par des vapeurs de l'estomac, ou par une transpiration arrêtée. Les femmes se plaignent souvent de la migraine, soit qu'elles ressentent réellement ce mal, ou soit qu'elles feignent de le sentir, quand quelque chose ne leur plaît pas. On remarque que plus on vieillit, & moins on est sujet aux maux de tête.

MIJAURÉE. Ce mot qui se trouve dans les Comédies de Moliere, & dans les lettres de Madame de Sevigné, n'est plus guere en usage; cependant il n'en est pas moins expressif, pour désigner une femme qui fait la belle, & qui n'a rien de beau.

MILLIONNAIRE. Homme riche à millions, & digne conséquemment

de tous les respects du public. Il n'y a pas une meilleure qualité que celle de millionnaire pour donner du lustre, & pour effacer toutes les taches dont on pourroit être souillé. *Clistene* avoit mérité la mort par ses rapines, & par ses concussions ; chacun ne parloit de sa personne qu'avec exécration, mais ses richesses sont immenses, & cent mille livres de rente qu'il étale au soleil, font oublier ses forfaits ; de sorte que tout le monde l'excuse, & se hâte à l'heure du dîner d'aller le voir & l'embrasser.

MILIEU. La raison tient toujours le milieu dans les disputes, ne mettant rien ni au-dessous, ni au-dessus de la vérité.

MILORD. Titre d'honneur en Angleterre, qui signifie Monseigneur, & que le peuple donne gratuitement à tout Anglois qui voyage.

MINAUDERIES. Petites grimaces

que fait une femme pour paroître agréable, & un jeune homme pour paroître fat.

Aux beautés jeunes & fleuries,
Tout devient agrément jusqu'aux minauderies.

MINCE. Mot qui s'allie parfaitement avec le mérite du plus grand nombre, & avec l'esprit de la plupart des femmes.

MINE. On fait bonne mine à un homme, à proportion de son crédit, & de ses écus. Et dans chaque profession on affecte une mine qui lui est relative.

MINIATURE. Art de peindre en petit sur le velin avec des couleurs très-fines. On ne voit que portraits en miniature dans des bagues, dans des tabatieres, & sur des bracelets.

MINUIT. Heure qui dérobe aux yeux du public bien des horreurs dont le grand jour feroit rougir.

MINUTE. Les gens à la minute font toujours minutieux.

MIRACLE. On n'ose plus croire que Dieu est assez puissant pour opérer un prodige.

MIRACULEUX. Une taille miraculeuse, un visage miraculeux autant d'expressions consacrées par le bel usage du siecle.

MIRER. Que de Narcisses parmi nous qui deviennent amoureux de leur figure après s'être mirés ! & que de femmes qui devroient se mirer avec réflexion, pour être moins vaines, & plus modestes !

Vous pour qui la nature a paru plus cruelle,
Mirez-vous, mais pour voir que vous n'êtes
pas belle.

MIROIR. Glace de verre ou de crystal enduite de vif-argent par derriere, que le luxe a rendu un meuble nécessaire, & que la fatuité consulte à tout inſtant comme la regle qui doit décider ſi la parure eſt bien aſſortie, & ſi l'on eſt du bel air. *Iride* paſſe la moitié de ſes jours dans ſon cabinet, auſſi tranquillement que s'il liſoit les meilleurs livres, on a beau le demander, on ne peut en approcher, & quelle eſt donc la ſorte d'occupation qui l'applique ſi conſtamment, & ſi fortement ; il compte ſes dents, il les nétoie, il unit ſes ſourcils, il accoutume ſes yeux à devenir les fidelles interpretes de ſon impertinence & de ſes dédains, & c'eſt ſon miroir qu'il regarde comme un autre lui-même, qui lui vaut ce plaiſir, & cet avantage.

MIRTE. Arbriſſeau conſacré à Venus, qu'on emploie dans les bouquets, & qui eſt le ſymbole de l'amour, comme le laurier celui de la victoire. Il n'y a pas de meilleur remede contre les vapeurs qu'une infusion de fleurs de mirtes prise comme du thé.

MISANTHROPE. Homme qui hait ses semblables par ressentiment, ou par humeur, & qui ne parle à ceux qu'il rencontre, que pour les molester. *Drusus* habite le lieu de la ville le plus isolé, sa maison est renfermée comme le Couvent le plus austere, & si par hazard il apperçoit l'ombre d'une personne, il fuit avec promptitude, & va se cacher. Il voudroit être seul dans le monde entier, n'ayant que pour lui-même de l'affection & de la charité.

Si *Drusus* devenoit chien ou chat, le public y gagneroit. Il vivroit parmi les hommes, il les amuseroit, il leur serviroit, au lieu qu'étant ce qu'il est, il n'a rien qui ne le rende haïssable, ou digne de mépris.

MISÉRABLE. Nom qui se donne par colere, ou par pitié, & qui désigne un pauvre, ou un coquin.

MISERE. Quand ce mot signifie indigence, il annonce une situation qui fait perdre l'estime & l'amitié de tout le monde.

MISERES. Le plus grand homme est sujet à je ne sais combien de petites miseres, qui le rendent très-petit lorsqu'on le voit de fort près. Il ne faut qu'une minutie pour lui déranger la tête, qu'un clin d'œil pour le plonger dans les excès d'un amour désordonné; qu'un mot pour le livrer à toute l'impétuosité de la colere.

MISERICORDE. Je ne connois que celle de Dieu qui est infinie, & un lieu de charité dans Paris qui porte ce nom.

MISSIONNAIRE. Homme envoyé pour catéchiser, & pour prêcher. Le Déisme a maintenant ses Missionnaires qui se répandent de toutes parts, pour persuader qu'on ne doit rien à un Dieu qui nous a créé, & que sa justice traitera également le scélérat, & l'homme de bien.

MYSTERES. On n'en veut plus reconnoître, pas même en Dieu cet Être essentiellement incompréhensible, & nécessairement infini, malgré tous ceux que la nature contient en dépit de nos recherches, & de nos études.

MYSTERES. Nom qu'on donne aux intrigues sécrettes de l'amour; intrigues nécessaires pour dérober à un mari jaloux, ou à une mere surveillante, tout ce qu'on se dit, tout ce qu'on s'écrit, & peut-être tout ce qu'on fait.

Tout est mystere dans l'amour,
Ses fleches, son carquois, son flambeau, son enfance,
Ce n'est pas l'ouvrage d'un jour,
Que d'épuiser cette science.

MYSTERIEUX. Ne vous attendez-pas que *Tullus* vous dise d'où il vient, ni là où il a été. Il vous parlera de toutes les nouvelles imaginables, excepté de celles qui le regardent, & jamais vous ne saurez quelles sont ses allures, ainsi que ses liaisons. S'il vous rencontre, il se détourne de son chemin, & fait mille pas de plus, pour qu'on ne sache pas là où il entre. Sans doute *Tullus* est un homme dérangé qui craint qu'on n'éclaire ses démarches; point du tout. Il ne voit que des gens estimables, il n'a que des habitudes qui lui font honneur; mais il est mystérieux.

MITAINES. Gants de femme qui laissent l'usage des doigts libre. Les mitons sont des mitaines fourrées pour l'hiver, & maintenant les hommes en portent lorsqu'ils voyagent.

MITONNER. Personne ne sait mitonner la pénitence comme les dévots. Ils la traitent de maniere que pour eux-mêmes, elle se réduit à des douceurs.

MITRIDATE. Antidote ainsi nommé de son inventeur, Mitridate Roi
de

de Pont, & de Bithynie, qui se fortifia tellement contre les poisons, qu'il lui fut impossible de s'empoisonner. La thériaque a fait tomber le mithridate, & d'autant mieux qu'il n'y a que des Charlatans qui se mêlent d'en débiter.

MIXTE. La biere est une boisson mixte, & en cela beaucoup moins saine que le vin, ou l'eau.

MOBILE. L'amour & l'intérêt sont les deux grands mobiles de tout ce qui se fait dans l'Univers.

MOBILIER. Il faut assister à quelque encan, pour connoître combien le moindre mobilier est considérable. C'est un amas de mille superfluités qui prouve que la Philosophie moderne n'est pas celle des anciens.

MODES. Façons de se vêtir, de se meubler, de parler, d'écrire, & d'agir, que les François tournent, & retournent de mille manieres différentes, pour se donner plus de gentillesses, & plus de graces; & souvent plus de ridicules. La variété des modes formeroit une jolie bibliotheque, comme leur bigarrure seroit le plus singulier de tous les tableaux, s'il étoit possible d'encadrer tant de bizarreries, & tant de métamorphoses. Les sages inventent les modes pour en avoir du profit, & les sots les achetent; mais quoi qu'on puisse dire, elles iront leur train, comme la chose qui a le plus d'empire sur l'esprit de la nation. Les jolies femmes, & les petits-maîtres sont les plus zélés promoteurs de toutes les nouvelles modes. A peine commence-t-il à paroître quelque nouveauté dans ce genre, qu'ils se répandent par essains, dans la boutique où ce chef-d'œuvre s'annonce, & que dès le soir même, toutes les promenades publiques, & tous les spectacles en voient des échantillons.

La mode est un tyran dont rien ne nous délivre ;
A son bizarre goût, il faut s'accommoder ;
Mais sous ses folles loix étant forcé de vivre,
Le sage n'est jamais le premier à les suivre,
　　Ni le dernier à les garder.

La mode est insensiblement venue à bout de tout assujetir à ses loix, de sorte que la Religion même seroit sa tributaire, si le culte établi de Dieu, pouvoit changer. On ne peut souffrir une croyance aussi ancienne que le monde, comme on ne peut supporter un habit de trois mois, une coëssure de trois semaines, un livre de quinze jours. Nouveautés, & par tout, & sans cesse nouveautés. Voilà notre goût, voilà notre devise. Le style de nos ouvrages attestera cette vérité. Nos neveux y verront, s'ils parviennent jusqu'à eux, que la mode tient la plume de nos Écrivains, comme elle tient le cizeau de nos Tailleurs, & le peigne de nos Perruquiers.

MODELE. Mot formé de mode pour exprimer une maniere d'être originale, qui fert d'exemple, ou de patron à ceux qui veulent l'imiter. Les fats fervent prefque toujours de modele aux fots, comme les libertins aux étourdis. Une femme de qualité devient le modele du beau fexe, de forte qu'il fuffit qu'elle ait une étoffe, fut-elle du goût le plus grotefque, pour que toutes les Dames veuillent en avoir, au point qu'on n'ofe paroître, jufqu'au moment, où l'on ait pu fe procurer cette merveilleufe nouveauté.

MODERATION. Elle fied bien à tout le monde, pourvu qu'elle ne dégénere pas en lenteur, & en inertie.

MODERNE. Ce terme a trop de rapport avec la mode, pour ne nous être pas cher ; ainfi tout ce qui eft moderne efface à nos yeux tout ce qui tient à l'antiquité.

MODESTE. La jeunesse le fut autrefois, mais la modestie n'est plus qu'une vertu de Couvent qu'on laisse aux Religieuses, & aux jeunes pensionnaires qu'elles élevent.

MODIQUE. La fortune modique est le partage des heureux.

MODULATION. L'action de régler les sons de la voix, ou d'un instrument, pour exécuter quelque piece de musique. Une voix n'est agréable qu'autant qu'elle est susceptible de modulations.

MŒURS. Manieres de vivre que le luxe, & la coutume ont prodigieusement altérées, & qui ne consistent plus, au gré du beau monde, que dans l'attention à ne faire tort à personne. Ce qu'on entendoit autrefois par mœurs, c'est-à-dire, cette candeur, cette honnêteté, cette pudeur, qu'on regardoit comme des vertus civiles, ne se rencontre que très-rarement, même chez les plus jeunes personnes. Il est un air, un ton qui ne permettent ni d'être sages, ni d'être honnêtes ; & tout change parmi nous, excepté cet air & ce ton.

MOI. Mot précieux quand on ne l'emploie que pour exprimer l'excellence de son ame, mais mot dont on ne se sert ordinairement que pour marquer sa vanité. Le riche ne cesse de dire *Moi*, & il s'imagine que ce moi a plus d'extension, que l'Univers dans toute son étendue.

MOYEN. On s'enrichit souvent par de mauvais moyens, & souvent l'on n'a pas le moyen de fournir à toutes les dépenses qu'entraîne un luxe excessif.

MOELLEUX. Le langage & le style moëlleux sont si voisins de la fadeur, qu'ils ne plaisent que difficilement.

MOINE. Nom qu'on donne indistinctement à tous les Religieux, & qui ne convient cependant qu'à ceux qui vivent dans la solitude, & qui ne mendient pas. La mode est de se déchaîner contre les Moines, quoiqu'il soit nécessaire d'avouer qu'ils ont rendu de grands services à l'Eglise, & à l'Etat, que les lettres leur doivent beaucoup, & qu'ils ont encore parmi eux des hommes qui honorent la nation par leurs mœurs, & par leurs écrits. Le nombre en est trop multiplié, & sur-tout dans les campagnes, où le relâchement s'introduit plus facilement que dans les villes.

MOIRE. Etoffe de soie qu'on met sous la calandre, & que ses ondes font paroître de diverses couleurs. Les hommes ont laissé la moire pour prendre les velours cizelés.

MOISSONNER. Les livres & les Auteurs sont devenus si communs, qu'on ne moissonne pas une grande gloire en écrivant.

MOITIÉ. Mot qui se prend pour la femme, & qui est aujourd'hui d'autant plus mal appliqué, que si l'on considere le peu d'union qui règne parmi les époux, on en conclurra que la femme, loin d'être la moitié du cœur de son mari, n'est pas seulement la dixieme partie.

MOLESSE. Délicatesse efféminée qui est ordinairement le partage des riches, & des élégants. Tout incommode *Lysandre*, jusqu'au bourdonnement du plus petit moucheron; ses coudes comme ses genoux ne sont à leur aise que lorsqu'ils s'appuient sur un carreau, & son corps ne connoît point de plus agréable attitude, que celle de reposer sur le duvet. Il ne connoît de peine que celle de se lever, & de se coucher, quoique deux grands valets de chambre lui tiennent lieu de pieds & de bras.

Pour moi je ferois tenté de croire que *Lyfandre* n'a qu'une exiſtence chimérique, car il ne fait ce que c'eſt que ſon ame, & il ne ſe ſent pas exiſter.

MOLETS. Ou gras de jambes. Les petits-maîtres ne manquent pas d'en avoir de poſtiches, quand la nature ne les a pas favoriſé de ce côté là.

MOMENT. Que de moments perdus dans la ſucceſſion des ſiecles, ſi l'on fait attention à la vie de la plupart des hommes. Ils ne paroiſſent nés que pour diſſiper le temps.

MOMIES. corps embaumés, & qui nous retracent parfaitement je ne ſais combien de cadavres ambulants que le libertinage a uſé, & qui ne ſe préſervent de l'infection, & de la difformité qui leur ſont propres, qu'à l'aide des parfums & du fard. Tel eſt le fameux *Diagoris*, qu'on s'empresseroit de mettre dans un cercueil, comme un homme infect & pourri, si tout l'artifice des Baigneurs, ne venoit pas à bout de lui donner un air de vie.

MONARCHIE. Celle de France est la plus brillante, & la plus solide de l'Univers, de même que Louis XV qui la gouverne, est le plus chéri de tous les Monarques.

MONASTERE. On appelle Monastere, la demeure des Bénédictins, & des Bernardins; Couvent celle des autres Religieux, & maison celle des Prêtres de l'Oratoire.

MONDANITÉ. Il y a des dévotes qui allient la mondanité avec la pénitence, & qui trouvent moyen de servir alternativement Dieu & le monde, en allant au salut & à la comédie, au bal & au Sermon.

MONDE. Le plus grand tyran qu'il y ait dans l'Univers, & qui enchaîne presque tous les hommes par ses richesses, ou par ses honneurs, par ses usages, ou par ses plaisirs, par son langage, ou par ses modes.

On compte je ne sais combien de mondes différents. Le grand monde qui suit la Cour, le beau monde qui se distingue par la parure & par les airs, le monde savant qui s'applique à la recherche de la vérité, & qui est en très-petit nombre.

MONNOIE. Que d'Ecrivains qu'on loue, parce que les louanges qu'on leur prodigue, ont été monnoyées.

MONOSYLLABE. Les gens froids, comme les gens glorieux, ne parlent que par monosyllabes.

MONOTONIE. Il en est d'un style monotone, comme d'un langage trop uniforme. L'un & l'autre ennuient.

MONSEIGNEUR. Mot qui chatouille l'oreille des glorieux, & qui paroît fort indifférent aux hommes fensés. Les Evêques s'appellent en Province Messeigneurs, & à la Cour Messieurs.

MONSIEUR. Titre qu'on donne au Bourgeois comme au Gentilhomme, au Marchand, comme au Magistrat; & que bien des Nobles souffrent impatiemment, comme un nom trop roturier.

MONSTRE. *Climene* est un monstre à faire horreur, & sa rage est de se faire voir à titre de personne aimable & jolie.

MONSTRUEUX. Il n'y a pas une plus monstrueuse opinion, que celle qui dispute à Dieu son domaine & son culte.

MONTAGNE. *Lubin* est toujours si difficultueux, qu'il ne voit que des chemins montagneux, & jamais de plaines.

MONTER un bonnet. Terme dont les femmes se servent pour dire accommoder une coëffure.

MONTRE. Espece de petit cadran portatif, que les laquais ont en or, & que les personnes du beau monde enrichissent de diamants & de portraits. La mode étoit il y a quelque temps d'en avoir deux, mais je ne pourrois assurer si elle dure encore. Plus les montres sont petites, moins elles sont bonnes, mais la singularité fait que tout agréable en veut avoir une de cette sorte. La montre ne pouvoit pas mieux être nommée, car lorsqu'elle est brillante on a grand soin de la montrer. *Solan* joueur de profession, qui n'a ordinairement des bijoux, que pour aller & venir chez les préteurs sur gages, trouve moyen ainsi que les égrefins, de faire croire à l'aide d'une chaîne, ou d'un cordon, que la montre est dans le gousset, quoique très-souvent il n'en soit rien, & si on lui demande l'heure, il en est quitte pour dire que sa montre est arrêtée, ce qui est exactement vrai.

MONTRER. Les petits esprits aiment à montrer leur garde-robe & leurs bijoux, parce qu'ils ne se repaissent que de minuties, & ils ne s'apperçoivent pas que pour l'ordinaire, on se moque d'eux en paroissant les admirer.

MONTURE. Au Levant les chameaux servent de monture, aux Indes les bœufs & les éléphants, en Europe les chevaux, les ânes, & les mulets. Les petits-maîtres ne montent à cheval que pour être vus, les petites-maîtresses que par ordre du Médecin.

MONUMENT. Tout ce qui est fait, ou établi pour rappeller la mémoire d'une chose, ou pour la rendre plus célebre. En ce sens, les statues, les pyramides, les sépulchres, les temples, les pyramides, les inscriptions, les livres sont autant de monuments, qui déposent en faveur des usages, & qui apprennent quel étoit le goût des temps.

SE MOQUER. Les hommes se moquent les uns des autres, & les plus riches, quelques ridicules qu'on leur donne, gagnent toujours à ce jeu.

MOQUETTE. Etoffe de laine sur fil, rayée, ou à fleurs, qui se travaille comme le velours, & qui sert à faire des ameublements.

MOQUEUR. Rôle vraiment méprisable qu'un galant-homme ne doit jamais jouer, & dont tous les petits-maîtres se font honneur.

MORALE. Science qui est la base de la société, qui apprend à régler le cœur & l'esprit par la force des exemples, & par des principes tirés de la droite raison. Les libertins, & les étourdis ne peuvent souffrir la morale; en ce cas combien n'a-t-elle pas d'ennemis? mais comme elle ne perd jamais rien de ce qu'elle est, elle ne semble étouffée dans un temps, que pour briller dans un autre avec éclat.

MORALISER. L'ame se sent à l'aise toutes les fois qu'on moralise, parce qu'elle est née pour le sérieux, & pour le vrai, quoiqu'en dise la coutume.

MORCEAU. La pluralité des Mondes de Monsieur de Fontenelle est un beau morceau.

MORDRE. J'aime mieux le chien qui mord, que le méchant qui déchire en secret. L'un m'attaque à force ouverte, & je puis me défendre; l'autre m'ôte les moyens de me tenir en garde.

MORGUE. Espece d'orgueil qu'on peut appeler la maladie épidémique de la plupart des gens en place, & qui les empêche de rire, de parler, & de saluer. Depuis qu'*Orix* par le moyen d'une femme de chambre dont il eſt couſin, a attrappé un emploi qui le lie à tout le corps de la finance, il a une morgue qu'on ne peut ſupporter, & qui lui attireroit ſouvent de mauvais complimens, ſi l'on n'avoit pas beſoin de lui.

MORIGENER, & non *Moriginer*.

MORNE. Toute perſonne à qui cette épithete convient, ne doit pas ſe préſenter en ſociété. On aime les gens gais, & l'on a raiſon.

MORT. État qu'on ne peut connoître qu'en mourant ſoi-même, & dont les beaux eſprits parlent avec tant d'aſſurance, qu'on les prendroit pour des arrivants de l'autre monde, ſi l'on ne ſavoit quelle eſt leur bavardiſe, & leur étourderie.

MORTEL. On ne met guere ce mot à la place d'homme que dans des diſcours oratoires, ou dans des poéſies.

Mais je ne conçois point de fatigue si rude
Que l'ennuyeux loisir d'un mortel sans étude.

MORTIFIER. Les orgueilleux se plaisent à mortifier ceux qu'ils regardent au-dessous de leur grandeur, parce qu'il n'y a rien de plus contraire à l'humanité.

MOSAIQUE. Ouvrage marqueté fait de pieces rapportées, & qu'on imite aujourd'hui dans les galons, & dans les garnitures d'habits, comme une mode Grecque.

MOT. Chacun court après le bon mot, & presque personne ne l'attrappe. Il n'y a rien de plus insupportable dans la société qu'un homme qui joue continuellement sur les mots, de sorte que nos élégants qui font parade de bel esprit, & qui fassent toutes les paroles pour en tirer des équivoques, devroient choisir un autre moyen de briller; quant aux mots obscenes, ils ne font le langage que des libertins, & de tous ceux qui ont vu mauvaise compagnie.

MOTET. Morceau de musique qu'on applique à des paroles de dévotion, & qu'on chante dans les Eglises, & sur-tout dans les Cathédrales à certaines Fêtes solemnelles. Les motets seroient infiniment plus agréables, si l'on n'y répétoit pas trop fréquemment les mêmes mots.

MOTEUR. Depuis qu'on n'ose plus prononcer le mot de Dieu, on dit le Souverain moteur.

MOTIF. C'est aujourd'hui la belle maniere d'agir sans autre motif, que son plaisir, ou son ambition.

MOUCHE. Petit morceau de taffetas noir gommé de la grandeur d'une aîle de mouche que les femmes, & maintenant les petits-maîtres, s'appliquent sur le visage, à dessein de le rendre plus agréable, & plus piquant. Cette mode inconnue des anciens, s'est tellement accréditée, que la plupart des Demoiselles & Dames se regardent comme n'étant pas habillées, lorsqu'elles n'ont pas de mouches. Les petites qu'on place au coin de l'œil se nomment assassins, parce qu'on s'imagine qu'elles doivent assassiner le cœur des passants.

Et la derniere main que met à sa beauté
Une femme allant en conquête,
C'est un ajustement des mouches emprunté.

Plus les femmes sont noires, plus elles ont soin de se moucheter.

MOUCHER. Il y a une façon de se moucher, & que tout le monde n'attrape pas. Les uns font trop de bruit, les autres point assez, ici c'est le son de la trompette, là le jurement du chat.

MOUCHETURE. Mélanges de plusieurs petits desseins ronds, ou quarrés dont on orne les mousselines, les taffetas, les satins, & que les femmes préferent à l'uni, comme une bigarrure qui peint celle de leur esprit.

MOUCHOIR. C'est un péché capital en genre de modes, que d'avoir un mouchoir de couleur, & sur-tout parmi les femmes, à qui cela donne l'air le plus Bourgeois, & le plus commun. Il n'y a que le mouchoir de toile blanche même pour les personnes qui prennent du tabac, qu'on puisse dire être décent. *Meris* est le seul qui l'ignore, lui qui avec un habit, des manchettes, & des bijoux d'un goût exquis, tire de sa poche un mouchoir de trente sols; encore s'il avoit l'attention de *Ziran*, il ne se serviroit de mouchoirs communs qu'en secret, & il en prendroit un honnête quand il doit aller en compagnie.

Quelques beaux que soient les

Paliakate, & les Mafulipatan, on n'en voit qu'entre les mains des Négocians, des Commis, & c'eſt même à cela qu'on les connoît.

MOUCHOIRS de cou. C'eſt encore l'accoûtrement des Grifettes, & des femmes d'un certain âge. Une gorge toute nue qu'on bourfouffle tant qu'on peut, paroît préférable à toutes les palatines, & à tous les mouchoirs.

MOUE. Air de mécontentement que prennent volontiers les perſonnes qui ont de l'humeur, & qui rend un viſage auſſi déſagréable, que ridicule.

MOUILLER. Les Pariſiens ont toute la peine poſſible à mouiller deux L L. Ils diſent bouïon, au lieu de dire bouillon, païe, au lieu de paille.

MOULE. On dit d'une belle perſonne, qu'elle eſt faite au moule, mais cette perſonne ſe trouve très-rarement.

MOULURE. Nom qui se donne à toutes les parties éminentes de sculpture, qui ne servent que pour l'ornement, soit en pierre, soit en bois.

MOURIR. C'est un ton chez une petite maîtresse de dire que la vie lui est à charge, qu'elle n'ira pas loin, & que toute réflexion faite, elle voudroit mourir.

MOUSQUETAIRE. Militaire distingué par sa noblesse, & par sa valeur, & faisant partie de la maison du Roi.

>Quel est ce joli Mousquetaire
>Si savant en l'art militaire,
>Et plus encore en l'air de plaire
>Le secret n'est pas mal aisé,
>C'est l'amour sans autre mystere
>Qui pour charmer Venus, s'est ainsi déguisé.

MOUSSELINE. Toile extrêmement fine, & qu'on emploie à faire des manchettes, des cravates, des cols, & des mantelets.

MOUSSER. Le vin de Champagne est infiniment meilleur quand il ne mousse pas, & mille fois plus agréable, lorsqu'il mousse.

MOUSTACHE. La barbe comme les moustaches étoient autrefois le fard de l'homme, & maintenant il est charmé d'avoir un visage efféminé.

MOUTARDE.

De trois choses Dieu nous garde
Du bœuf salé sans moutarde,
D'un valet qui se regarde,
D'une femme qui se farde.

MOUTON. On dit du mouton qu'il a bon goût lorsqu'il est dur, comme on dit d'une femme qu'elle a un bon caractere, quand elle est sans beauté, & sans esprit.

MOUTONNE. Tresse de cheveux touffue, & frisée dont les femmes se paroient autrefois, & qu'elles se mettoient sur le front.

Nous voyons des Prêcheurs coëffés à la mou-
tonne,
Se faire les yeux grands, & la bouche mi-
gnonne,
Se radoucir la voix, & pour tout geste enfin,
Aux Dames d'alentour faire la belle main.

MOUVEMENT. Un petit-maître est vraiment ce qu'on appelle le mouvement perpétuel. Toujours inquiet, agité, il va, il vient, il pyrouette, comme si tous les vents le faisoient mouvoir.

MUE. Les joueurs ont leur mue, comme les oiseaux ; tantôt ils sont magnifiques, & tantôt pour faire ressource, ils perdent leur plumage.

MUET. Epithete que le sexe regarde comme une injure, parce qu'il fait qu'elle ne lui convient pas.

MULE. Autrement pantoufle. Cette

chauffure qui n'eſt plus que pour la chambre, eſt toujours élégante, ſur-tout lorſqu'on a le pied mignon.

MURAILLE. Les foux n'ont pas d'autre papier que les murailles blanches. C'eſt là que les jeunes gens ſe délectent à écrire leurs noms, & toutes ſortes d'obſcénités.

MURIER. Arbre qui porte des mures, auquel la chenille ne s'attache jamais, & dont les feuilles ſont la nourriture naturelle des vers à ſoie. On a pris la méthode depuis quelques années, de planter des muriers par tout où l'on peut, & il faut avouer, que lorſqu'il n'y aura que des modes de cette ſorte, tout le monde y applaudira.

MURMURE. Ce ſont preſque toujours des minuties, qui excitent les plus grands murmures. *Orene* tempête comme une furie, met toute ſa maiſon en déſordre, deſcend, remonte, gronde ſon valet de chambre, bat son laquais, s'arrache les cheveux, dit qu'il est le plus malheureux des hommes, & dans tout cet affreux tapage, il ne s'agit que d'un chien très-ordinaire, qui a disparu depuis quelques instants.

MUSCADE. Fruit des Indes qui a une odeur aromatique, & dont la cuisine moderne ne fait presque plus d'usage.

MUSCAT. Sorte de raisin ainsi appellé parce que la mouche, en latin *Musca*, s'y attache plus volontiers qu'à tout autre. La Touraine a des muscats qui different peu de ceux de la Provence & du Languedoc.

MUSE. Nom chimérique par lequel on désigne neuf Vierges qui n'existerent jamais, & dont la poésie a fait son profit encore plus que la fable. Comme ces prétendues Muses ne disent rien, on leur fait dire tout ce qu'on veut, & ce sont toujours elles qu'on invoque, ou qu'on introduit sur la scene, quand on veut écrire en vers. On appelle aussi Muse, le génie poétique.

MUSETTE. Nom d'un instrument de musique champêtre, composé d'une peau, d'un bourdon, de deux chalumeaux, & d'un porte-vent.

MUSIQUE. Science qui consiste dans des accords harmonieux, tant des sons, que des voix. La musique Italienne est la reine de toutes les musiques ; aussi est-elle en honneur sur tous les théatres de l'Europe, tandis que la Françoise, n'est agréable qu'aux seuls François.

MUSICIEN. On ne mérite ce titre, que lorsqu'on est compositeur, c'est-à-dire, que lorsqu'on a un génie propre à imaginer tout ce qui peut bien rendre la joie, ou la douleur, & remuer l'ame par des accords qui étonnent.

MUSQUER. Un bon tailleur doit savoir musquer les habits, comme un petit-maître doit être universellement musqué, à moins qu'il soit assez poli, pour ne pas vouloir causer d'affreuses vapeurs, aux femmes qu'il connoit, car c'est un ton chez nos élégantes de crier à l'aspect du moindre Cavalier qu'elles entrevoient : Ah ! Monsieur n'approchez-pas ; vous avez des odeurs. L'ambre, ou la bergamote a pris la place du musc, & il y a des hommes qui en sont si pénétrés, qu'on les suivroit à la trace, comme un chien suit celle de son maître.

MUTATION. Les Anglois sont sujets aux grandes mutations, & les François à de petites seulement, telles que les modes.

MUTIN. Il est du bel air de faire le petit mutin, auprès d'une femme qui croit mériter la peine d'être agacée.

MUTUEL. Rien de plus rare que l'amour mutuel entre des époux : si la femme aime son mari, elle n'en est point aimée ; de même que si le mari chérit sa femme, il n'en est pas chéri.

MYOPIE. Nom qu'on donne à l'état de ceux qui ne peuvent voir que de fort près. Si l'on juge des François par les lorgnettes qu'ils ont toujours à la main, on les croira tous attaqués de cette maladie, jusqu'à ce qu'on sache que c'est une gentillesse de paroître myope.

N A

NABOT. Il veut dire petit, & n'est recevable que dans le genre burlesque.

NACARAT. Couleur mélangée de rouge & d'orangé ; ne vous étonnez pas si *Pandor* est si fier, s'il ne daigne parler qu'à ceux qui sont riches & nobles, s'il ne regarde que sa personne, & s'il n'estime que lui seul, il a un habit du plus beau nacarat, & qui est un habit unique.

NACRE. Ou coquille des perles. On en fait de fort jolis ouvrages, & que les jolies femmes connoissent mieux qu'un bon livre.

NAGER. On nage dans l'eau rose, on nage dans une mer parfumée de plaisirs, & ce sont autant d'expressions que les faiseurs de lettres romanesques & galantes, ne manquent pas d'employer avec le plus grand succès.

NAGEUR. Il est plus dangereux qu'on ne pense de savoir nager, attendu qu'il n'y a guere que les nageurs qui se noient. Ils se confient à leur habileté, & leur témérité les précipite au milieu des plus grands écueils.

NAIADES. Nymphes des fleuves & des fontaines, qu'on fait intervenir dans toutes les poésies champêtres.

E 4

NAIN. On est moins étonné de voir un nain qu'un géant, parce qu'on est accoutumé à voir des enfants. Les nains sont très-ordinaires dans les pays du Nord. Les Grands ont des nains, comme des chiens & des bouffons, pour s'en amuser.

NAISSANCE. Quoique tous les hommes soient égaux tant par rapport à leur origine, que par rapport à leur essence, on reproche au roturier de n'avoir point de naissance, & ce reproche est continuellement dans la bouche du fat, & du glorieux. La vraie naissance, est de faire naître en soi-même des sentiments de magnanimité, & de s'élever par grandeur d'ame au-dessus de ceux qui n'ont pour tout mérite qu'un chétif nom.

NAITRE. On naît des autres lorsqu'on n'est que noble, & l'on naît de soi-même lorsque, sans noblesse, on est savant: il y a des personnes qui ne naiſſent qu'à vingt ans, parce que leur éducation juſqu'à ce moment a été comme celle des brutes.

NAIVETÉ. Les gens ſimples ont ſouvent de très-bonnes naïvetés. L'homme naïf exiſte entre la bêtiſe, & la candeur.

NANTISSEMENT. On ne prête preſque plus qu'avec nantiſſement ; tant il y a de défiance, ou de mauvaiſe foi.

NAPE. Linge de table qu'on ne fait jamais ſervir deux fois de ſuite, à moins que d'être économe, où mal propre.

NARRER. On trouve difficilement des perſonnes qui ſachent bien narrer. Les unes étranglent trop leurs récits, les autres les étendent beaucoup plus qu'il ne faut. *Ramis* narreur impitoyable, ne raconte jamais une hiſtoire, qu'elle ne ſoit liée avec dix autres, dont il débite toutes les circonſtances & tous les incidents juſqu'au plus petit iota : s'il parle d'une rue, il en cherche le nom ; s'il cite un laquais, il ne manque pas de se rappeller l'endroit d'où il est. *Ramis* est un personnage qu'il ne faut pas interroger.

NATION. Chaque nation a un génie, des mœurs, & des loix qui la caractérisent. Le tableau des nations est un parterre émaillé de fleurs, où l'on en trouve de brillantes & de rembrunies, ainsi que de bonne & de mauvaise odeur.

NATURALISER. La mode naturalise tous les jours les vices les plus odieux.

NATURALISTE. Monsieur de Buffon est le meilleur naturaliste qui ait jamais existé, mais que de singes qui veulent le copier, & qui n'ont de mérite que d'avoir rassemblé des pétrifications, & d'en avoir fait des cabinets de parade.

NATURALISME. Doctrine des

Athées qui donnent tout à la nature, & qui ne connoissent pas d'autre Créateur du monde, que le monde lui-même.

NATURE. L'assemblage de tous les êtres créés, & la succession réguliere des choses selon les loix établies par le Créateur. Les esprits à la mode personnifient la nature, & prenant l'effet pour la cause, la regardent comme l'agent de tout ce qui s'opere dans l'ordre de l'univers. Ils pensent qu'en n'admettant point d'autre Dieu qu'une seve matérielle qui fait tout végéter, ils ont une divinité commode dont on n'a rien à redouter.

NATUREL. C'est avoir un mauvais naturel, que d'être insensible aux maux du prochain, mais l'on est aujourd'hui tellement fardé, qu'on se cache sous des apparences qui trompent.

NAVETTE. Petit instrument et

forme de bateau, de nacre, ou d'or; & dont les femmes se servent pour faire des nœuds, depuis qu'il est indécent d'employer l'éguille, ou le fuseau.

NAUFRAGE. Il est presqu'impossible que l'innocence ne fasse pas naufrage au milieu des exemples qu'on donne à la jeunesse d'aujourd'hui.

NÉ. Un petit-maître se croit uniquement né pour être admiré.

NÉANT. Le vrai nom des honneurs & des plaisirs qu'on recherche avec tant d'avidité.

NÉBULEUX. L'esprit des plus grands hommes est quelquefois nébuleux, & cela dépend souvent de la maniere dont leur corps est affecté.

NECESSAIRE. Nom qu'on donne à certains meubles qui sont d'un usage continuel à raison de leur commodité. Ainsi l'on appelle un nécessaire, un petit service. en argenterie, où l'on trouve tout ce qu'il faut pour se faire raser.

NEFLE. Fruit fait en forme de lampe, composé de plusieurs noyaux, & qu'on appelle *Mele*. Dans certaines Provinces, le neflier est garni d'épines, & vient dans les haies, mais il faut qu'il soit enté pour que son fruit soit bon.

NÉGATIF. On dit des avares qu'ils ont le visage négatif, parce qu'ils sont toujours prêts à refuser tout ce qu'on leur demande. Tel est *Nelbon* qui n'attend pas votre réponse, pour vous dire que ce que vous exigez de lui est de toute impossibilité.

NEGLIGENCE. C'est ainsi qu'on devroit appeller certaines voitures à qui l'on donne fort improprement le nom de diligence. Les négligences de style sont quelquefois des ombres, qui ne font pas mal dans un ouvrage, & sur-tout dans les lettres.

NEGLIGÉ. Mot dont on se sert pour exprimer l'accoûtrement d'une personne qui n'a pas fait toilette. Le négligé est souvent l'ouvrage de l'art, & sur-tout chez les petits-maîtres qui affectent de paroître aux promenades du matin, avec les plus charmants déshabillés.

NEGLIGEMMENT. Avoir des évanouillements fréquents, faire les choses négligemment, s'abandonner à toute la chimere des vapeurs, c'est une mode dont les femmes à prétentions, sont presque toutes jalouses.

NEGOCE. Ce qui répand l'agréable & l'utile dans un état, ce qui est en honneur à proportion que les hommes pensent & connoissent leurs vrais besoins, & ce qui lie les nations, encore plus que la science & les arts.

NEGOCIANT. Homme qui trafique par terre, ou par mer, & qu'on doit estimer comme un canal d'abondance, & comme le rameau d'un arbre qui produit les plus excellents fruits. Il seroit à desirer qu'on arrachât la Noblesse à tant de fainéants qui traînent ignominieusement leur nom, pour en décorer un honnête Commerçant.

NÉGOCIATION. Terme qu'on ne devroit employer que par rapport aux affaires politiques, & civiles, mais qu'on donne à la plus petite intrigue.

NÉYER & non pas noyer. Mot qui signifie perdre la vie dans l'eau, ou sa fortune au jeu.

NENTILLE Selon le peuple de Paris, mais lentille selon le vrai langage; légume fort commun & dont les Cuisiniers font souvent des coulis, & des purées.

NERF. On dit d'un ouvrage qu'il a du nerf, lorsqu'il est fortement écrit.

NERVEUX. Il est rare de trouver maintenant des hommes à qui cette qualité puisse convenir excepté parmi les laboureurs, & les artisans, tant le libertinage est poussé loin.

On appelle genre nerveux tout ce qui constitue les nerfs, & c'est un agrément de dire qu'on a le genre nerveux attaqué, & de se faire traiter en conséquence.

NET. On doit dire une cuillere nette, une assiete propre, & non une cuillere blanche. Un Auteur met un ouvrage au net lorsqu'il le corrige.

NETTEYER Et non nettoyer. Mot qui a plusieurs significations, & qui dans le style naturel veut dire ôter les ordures.

NETTETÉ. Il faut de la netteté dans les écrits, comme dans les discours. *Gerin* fait un livre qu'on prend pour une énigme, ou pour un logogriphe, on tâche de l'expliquer sans en pouvoir venir à bout. Les pensées en sont obscures, les phrases entortillées, disons-mieux, *Gerin* donne un ouvrage en François, qui a besoin d'être traduit en François. Il devient obscur, à force de vouloir être sublime.

NEUD. Les doigts distingués ne s'attachent plus qu'à faire des neuds, qui n'ont d'autre utilité que celle d'amuser les femmes appliquées à ce joli passe-temps qui n'exige ni peine ni attention, & qui auroient honte de coudre, ou de broder.

NEVEUX. Que penseront-ils de nous ? qu'en diront-ils ? La chose n'est pas difficile à deviner.

NEUF. Une étoffe toute neuve telle qu'elle puisse être, a, grace à la nouveauté, un prix inestimable. Les Provinciaux sont ordinairement très-neufs, lorsqu'ils viennent à Paris, & encore plus à la Cour. L'air même qu'ils affectent pour ne pas le paroître, est le comble du ridicule.

NEUVAINE. Priere qu'on fait pendant neuf jours, mais qu'il faut ranger dans la classe des anciens usages, la mode du siecle étant de rejetter tout ce qui approche de la dévotion, sans autre motif que l'amour de l'indépendance, & un mépris général pour toutes les pratiques qui ramenent à la Religion.

NEZ. La configuration du nez détermine presque toutes les physionomies. Un nez aquilin donne un air majestueux, comme un nez retroussé donne un air effronté, & le nez plat & allongé, un air béat.

NIAIS. Un extérieur niais, est souvent le masque de la ruse.

NIAISERIES. Il n'y a guere de sociétés où l'on ne trouve des niais, & des niaiseries.

NICHE. Mot en usage pour dire un tour qu'on a joué à quelqu'un. La coutume de faire des niches ne subfiste plus. On est trop empesé pour s'amuser de ces sortes de plaisanteries, qu'on abandonne au peuple & aux enfants.

NICHER. Si *Marlamin* osoit, il nommeroit son Palais un Temple, & il se placeroit dans une niche comme une divinité, tout assuré qu'il est d'avoir des adorateurs qui viendroient encenser sa personne & son orgueil.

NID. L'homme passe sa vie à se faire un nid, en cela beaucoup moins sage que l'oiseau qui ne donne que peu de temps à ce travail, & qui nous apprend que ce monde n'est qu'un lieu de passage dont on doit user, comme n'en usant pas.

NIER. Affirmer qu'une chose n'est pas.

> Personne ne sauroit nier
> Que la prison ne soit une cruelle gêne;
> Mais rien n'est égal à la peine,
> D'être amoureux, & prisonnier.

NIVEAU. Il faut se mettre au niveau des Auteurs à la mode, si l'on veut plaire en écrivant.

NIVELER. Si l'on s'accoutumoit à niveler les hommes non selon leurs richesses & leurs emplois, mais selon leurs talents & leurs vertus, il y auroit beaucoup moins d'hommages profanés. On ne révéreroit que le mérite, & l'on ne seroit pas la duppe de la flaterie, & de l'orgueil.

NOBILIAIRE. Regiftre qui contient les noms de tous les Nobles d'un Royaume, ou d'une Province, & où d'honnêtes roturiers, pourvu qu'ils payent, ont souvent un article distingué.

NOBLESSE. La Noblesse ancienne, méprise la moderne, & par le moyen des titres & des noms, tous les hommes ne paroissent pas venir d'Adam; la Noblesse qui s'achete rend ordinairement insolent. *Méandre* ne reconnoît plus de parents que ceux qu'il imagine, frémit à la rencontre d'un cousin qui trafique, donne ordre à ses gens de ne laisser entrer que ceux qui ont des équipages, & des titres; crie du matin au soir contre tout ce qui est Bourgeois, & en a les manieres; *Méandre* est un homme tout nouveau pour qui sa patrie même est une terre inconnue, & qui n'a commencé à exister que depuis l'instant où son argent a su l'ennoblir.

NOCES. Il n'y a plus que les personnes ordinaires qui font des nôces. Les Grands & les Nobles se marient sans cérémonie, & l'on ne fait la célébration de leur mariage, que par la gazette, ou par la publication d'un banc.

NOYER. Arbre commun qui porte des noix, & dont les feuilles sont très-larges, & fort odoriférantes.

Mélicette ayant fait venir ſes métayers,
Dit : Ecoutez mon ordre, & que chacun le ſuive ;
Dans tous mes champs, plantez-moi des noyers
Pour faire de l'huile d'olive.

NOIR. Les yeux noirs ſont fort eſtimés, & les femmes qui ont le bonheur d'en avoir avec un viſage fort blanc, ne manquent pas de ſe noircir les cheveux, & les ſourcils, afin de ſe donner encore plus d'éclat.

NOIR. Dans le ſens figuré, s'applique à une ame qui ſe repaît d'horreurs & d'iniquités.

NOIRCEUR. Les Auteurs qui écrivent correctement, n'emploient guere ce mot; que pour exprimer la ſcélérateſſe, ou la perfidie d'une action. Auſſi dit-on, noir de fumée, & non pas noirceur.

NOIRCIR. C'eſt une délectation pour certaines perſonnes, que de noircir par de faux rapports une réputation qui leur fait ombrage.

NOISE. Autrement querelle.

Les si, les car, les contrats sont la porte
  Par où la noise entra dans l'Univers,
Et forma des plaideurs, l'effroyable cohorte.

NOISETTE. Les gens de Campagne aussi bien que ceux de ville, changent de coutumes & de mœurs. Ils se rassembloient autrefois par pelotons, les Dimanches & les Fêtes, pour aller cueillir des noisettes le long des haies ; les bergers en offroient à leurs bergeres, & cette sorte de divertissement engendroit des danses & des chansons, & répandoit la joie.

NOM. Trois ou quatre syllabes dont on est souvent plus jaloux, que de la possession de toutes les vertus. *Menalque* ne dit pas deux phrases qu'il n'y mêle son nom;

il l'a fait écrire dans tous les nobiliaires, ainsi que dans toutes les éditions de Moreri, comme étant le même de certains Heros qui vivoient il y a trois ou quatre cents ans, & malgré toutes ces précautions, personne ne croit que *Menalque* soit issu de ceux dont il prétend descendre, & ce qu'il y a de plus plaisant c'est qu'intérieurement il ne le croit pas lui-même.

On ne s'embarrasse pas de perpétuer des vertus, mais on est fort curieux de perpétuer un nom. Souvent en changeant de nom, on change de caractere, & d'humeur.

Et quand le nom d'amant se change au nom d'époux,
L'amour perd aussitôt ce qu'il a de plus doux.

NOM. Se prend souvent pour réputation, & dans ce cas, la cabale, ou le hazard, illustre plus sou-

souvent un nom, que la science, ou la valeur.

NOMBRE. Assemblage de plusieurs unités. Le nombre des jours impairs est plus funeste aux malades, que celui des pairs; mais les Médecins qui le prétendent, n'ont aucune raison solide, pour étayer ce sentiment. Les Astrologues, & tous ceux qui se mêlent de deviner, soutiennent que tout se rapporte à la science des nombres, & que lorsqu'on a le secret des calculs, on vient à bout de connoître les choses les plus cachées.

NOMBRER ou compter. Moyen sûr d'acquérir du bien en peu de temps, lorsqu'on est parvenu à quelqu'emploi. *Celose* se traînoit dans la poussière il y a quelques années, il n'avoit ni nom, ni mérite, ni appui, quand un homme puissant lui a tendu la main, & l'a placé au plus bas degré de la finance. *Celoè* a trouvé le moyen de monter peu à peu, & à force d'avoir chiffré, il est maintenant possesseur de titres, & de biens, avec beaucoup plus d'éclat, que s'il fût né Seigneur.

NOMPAREILLE. Espece de petite dragée qui n'a rien de merveilleux que le nom.

NONAGENAIRE. Comme on est hors de toutes les modes, lorsqu'on est à cet âge là, ce mot n'a pas besoin d'un commentaire dans un Dictionnaire tel que celui-ci.

NONCHALANCE. C'est un air que celui de la nonchalance, & qui se rencontre assez souvent avec celui de la fatuité. *Aminte* est excédée, elle n'ose parler crainte de tousser, comme elle n'ose se remuer de peur de se briser. Sa personne abandonnée sur un sopha, n'a pas même la force de sentir qu'elle existe, & sans les eaux de senteur, son ame lui échapperoit imperceptiblement. *Aminte* en a trop fait. Elle a traversé la rue à pieds pour aller entendre la Messe, & il y a dans cet effort mille fois plus qu'il n'en faut pour faire périr une femme étonnamment jolie.

NONCHALAMMENT. C'est ainsi qu'on doit être dans un carrosse superbement velouté, lorsqu'on sait rendre à la mollesse & à la vanité, tout ce qui leur appartient.

NONNE. Vieux mot dont on se sert encore pour signifier une Religieuse. Les Nonnes ont de précieuses minuties, qu'elles traitent avec la plus grande importance, & le plus grand appareil.

NOTES. Toutes sortes de marques. Un livre avec des notes est souvent instructif, & toujours embarrassant.

NOTION. Connoissance qui regarde les sciences, ou les arts. Si tous ceux qui parlent des choses dont ils n'ont pas la moindre notion, étoient condamnés à un silence perpétuel, que de personnages qui ont la réputation de favoir, & que nous n'entendrions plus parler.

NOTER. On fe fait maintenant honneur d'être noté comme un perfonnage qui ne croit pas en Dieu.

NOTOIRE. Les chofes les plus notoires n'ouvrent pas les yeux à un homme de parti. Plus il apperçoit de preuves qui le condamnent, & plus il s'enfonce dans fon opinion. L'amour propre ne veut pas qu'on dife, qu'on s'eft trompé.

NOTRE. Certains Religieux difent toujours nôtre, pour exclure toute idée de propriété, jufqu'au point de dire notre chambre, notre robe, & notre fang, comme s'ils avoient le fang commun.

NOUER. On ne donne point d'autre collier aux jeunes Demoifelles, que des rubans noués fous la gorge.

NOVICE. On n'eft pas long-temps novice dans l'art d'aimer, non plus que dans celui de faire le mal.

NOURRIR. On nourrit souvent les plus ardentes passions sous un air froid & modeste. L'orgueil se nourrit de révérences, & de complimens ; comme la frivolité de bagatelles. Un ouvrage s'appelle nourri, quand il est plein de choses capables d'instruire un Lecteur.

NOURRICE. Quelque saine qu'une nourrice puisse être, il n'y en a point de meilleure que la mere, à raison de l'analogie de son lait, avec le sang de son enfant ; mais à peine la Bourgeoise ose-t-elle allaiter elle-même son propre fruit. C'est un emploi méchanique, qu'on remet à des femmes de campagne, qui laissent souvent périr leur nourrisson, par leur propre faute, ou qui substituent un de leurs enfants, à la place de celui qu'on leur a confié, lorsque l'éloignement des parents leur permettent d'en agir ainsi.

NOURRITURE. Les bons livres font la nourriture de l'ame, mais c'est maintenant la mode de la laisser jeûner. *Cambyse* ne trouve pas les jours assez longs pour lire, il passe les nuits, & depuis quarante ans qu'il voit & revoit des ouvrages, il n'en a pas lu un seul capable d'éclairer son esprit & de former son cœur.

NOUVEAU. Mot qui a pour les François tout l'attrait imaginable ; les moindres choses dès qu'elles ont l'honneur d'être neuves, leur paroissent des chef-d'œuvres, & ils en sont passionnément épris.

NOUVEAU NÉ. Nom qu'on peut donner à presque tous les étrangers qui ont passé quelques mois à Paris, & qui par le ton & les manieres qu'ils y ont prises, paroissent avoir acquis une nouvelle vie.

NOUVEAUTÉ. Toute personne élégante, doit-être amie des nouveautés, & croire qu'il n'y a rien de vrai, de solide, & de charmant, que ce qui est nouveau. *Elyse* ne mangeroit pas, ne s'habilleroit pas, ne liroit pas, si ses mets, ses robes, & ses lectures, n'avoient les graces de la fraîcheur.

NOUVELLES. Que la mer engloutisse des vaisseaux, que la famine désole certaines contrées, que l'irréligion donne les scandales les plus affreux, nouvelles indifférentes. Mais que le spectacle Italien brille par ses opera comiques, qu'une Actrice débute aux François, que les marionettes fassent merveille aux boulevarts, qu'une singuliere maniere de se friser soit tout récemment imaginée; nouvelles très-importantes.

NOUVELLEMENT. Il est inconcevable combien un livre nouvellement imprimé a d'attraits pour certaines gens. N'importe ce qu'il contienne, pourvu qu'il soit neuf.

NOUVELLISTE. C'est un métier dans Paris, comme celui d'être Procureur. Mais chacun arrange les nouvelles selon la maniere dont il est affecté. *Meris* arrive au milieu d'un cercle d'un air triomphant, & se fait prier pour raconter un événement qu'il brûle d'envie de divulguer. Il en rapporte toutes les circonstances qu'il dit tenir de la premiere main, il en tire des conséquences favorables à son opinion, & finalement *Meris* commence à persuader, lorsqu'il survient une lettre dont on ne peut infirmer la vérité, & qui dément tout ce qu'il a débité.

NUAGE. L'esprit a ses nuages, ainsi que l'air ; mais il y a des Ecrivains qui ne présentent que des obscurités.

Il est certains Auteurs dont les sombres pensées,
Sont d'un nuage épais toujours embarrassées.

NUANCE. Assortiment de couleurs, ou d'expressions. On dit d'une broderie qu'elle est bien nuancée, comme on le dit d'une harangue.

NUIRE. Les modes changent, mais celle de nuire à son prochain subsiste toujours.

NUISIBLE. Le vice est autant nuisible qu'odieux.

NUIT. Temps destiné au sommeil, & dont la mode a changé l'usage, en faisant de la nuit le jour. On donne aussi le nom de nuit à certains tableaux qui paroissent ne recevoir de lumiere, que de la lueur d'une lanterne, ou d'une lampe.

NUL.

Tout vient dans son Sermon, tout est mis au hazard
Nul principe établi, nulles preuves, nul art.

NUMERO. On dit d'un homme qui entend bien ses intérêts, qu'il fait son numero.

NUQUE. Nom qu'on donne au derriere du cou.

Un Normand député pour haranguer le Roi,
Sire, dit-il tout court, sans pouvoir passer outre,
Se frotant à la nuque, & regardant la poutre;
Par faute de mémoire, il tombe en désarroi;
Ses amis l'excusant, disoient, il s'est mépris,
Mais le peuple criant, à l'école, à l'école,
Tout beau, leur dit le Roi, je n'en suis point surpris,
Les Normands sont sujets à manquer de parole.

O B

OBÉIR. Le mot est toujours en usage, mais la chose ne l'est presque pas. Les parents & les maîtres ont toute la peine du monde à se faire obéir.

OBEISSANCE. Tout sujet doit une obéissance pleine & entiere à son Roi, de même qu'un fils la doit à son pere.

OBELISQUE. La frifure des femmes est maintenant en obélisque, elle s'éleve le plus haut qu'il est possible, & semble menacer le firmament.

OBERER. On dit d'une personne chargée de dettes qu'elle est obérée, & on peut le dire d'une multitude de familles qui s'écrasent pour le faste, & pour le jeu. Les terres de *Cyrin* se vendent les unes après les autres, il a fondu les plus excellents contrats; & ses chevaux, son carrosse, ses habits appartiennent au public qui le voit passer en murmurant, & qui maudit sa personne, & son nom.

OBJET. Un objet qu'on aime est toujours beau; mais sitôt que cet amour vient à cesser, on est étonné soi-même de le trouver si médiocre, ou si laid.

OBJECTIONS. Raisons vraies ou fausses, qu'on allegue pour détruire une vérité, ou une opinion. Nous vivons dans un siecle où l'on prend toutes les objections contre la morale & la Religion, pour de puissants raisonnements ; comme s'il y avoit quelque certitude dans l'univers, que l'esprit sophistique n'eût pas attaqué. Rien de plus facile que d'objecter. Une objection se fait ordinairement en peu de mots, & une réponse exige souvent une longue discussion. *Memphis* homme attrabilaire, & qui se consume à force d'épuiser son esprit en vaines subtilités, attaque le christianisme de toutes parts ; il sasse & resasse tout ce que les impies ses dévanciers & ses Apôtres, ont objecté contre le ciel, & contre Dieu ; il fait des livres, & des livrets, pour répandre ses erreurs d'un bout de l'Europe à l'autre, & il est assez simple pour s'imaginer qu'en combattant les mysteres d'un Etre infini qui ne peut être que myſtere, il verra la Religion tomber à ſes pieds, c'eſt là toute ſon ambition, comme ce ſeroit tout ſon triomphe ; mais *Memphis* devroit voir que les incrédules qu'il copie, n'ont laiſſé malgré tous leurs efforts, qu'un nom chargé d'anathêmes, & qu'on ne ſe ſouviendra de lui, comme on ſe ſouvient d'eux, que pour plaindre ſa folie, ou pour en rire.

OBLIGEANT. Ce devroit être le caractere de tous les hommes, & ce n'eſt que la vertu de quelques perſonnes qui ſe comptent. On préfere une vile piece d'or à la vie même de ſon frere, & pour ſe diſpenſer d'obliger celui qui eſt dans le plus preſſant beſoin, on le nomme fainéant ou coquin, ſans ſavoir ſi ces épithetes qu'on lui prodigue avec tant de généroſité, lui ſont réellement dues.

OBLIGATION. On publie qu'on a

beaucoup d'obligations à une personne, quand il s'agit de riens, & on n'en dit mot quand ce font des services essentiels. L'homme a honte de s'avouer reconnoissant.

OBLIGATION Autrement devoir. Il est du bel air de méprifer les devoirs les plus essentiels, & les plus sacrés, pour s'en faire de superflus à l'égard de la mode, & du monde.

OBLIQUE. Il y a peu d'affaires d'intérêt, & encore moins d'ambition, où l'on ne trouve quelque chose d'oblique & de tortueux, lorsqu'on veut prendre la peine d'examiner.

OBSCENE. Les paroles obfcenes prouvent une mauvaise conduite, ou une mauvaise éducation. *Leris* croit se donner du relief, en n'ayant pas un autre langage; & on le regarde comme un personnage fait pour habiter toute sa vie le corps de garde ou la taverne.

OBSCENITÉS. L'affaisonnement de presque toutes les brochures à la mode, & l'entretien familier de tous ceux qui ont le cœur corrompu. Il n'y a que dans cette partie où l'esprit des sots est inépuisable.

OBSCUR. A force de vouloir métaphysiquer, on donne dans l'obscurité, comme si la vraie métaphysique n'étoit pas lucide. Un Auteur inintelligible n'a rien de mieux à faire, que de ne plus travailler, & de déchirer ses écrits; mais que de personnes qui prennent un pompeux galimatias, pour de l'éloquence, ou pour de la philosophie.

OBSCURCIR. La calomnie loin d'obscurcir la réputation de l'homme vertueux, ne sert qu'à lui donner plus d'éclat.

OBSCURITÉ. Celle de la naissance ne peut être reprochée, que par des imbécilles, ou par des foux,

OBSEDER. Les Courtisans obsèdent un Ministre, comme les cliens un Juge.

OBSEQUES. Elles ne sont que trop souvent le triomphe de la vanité, quoiqu'elles n'annoncent par elles-mêmes que la plus grande humiliation.

OBSERVATEUR. Homme qui examine, ou qui critique. Il n'y a rien de mieux, que de faire des observations, mais il ne faut ni précipitation, ni partialité.

OBSERVATOIRE. Edifice répondant aux quatre points Cardinaux du monde, d'où l'on observe à l'aide du télescope les astres & les éclipses. Les plus célebres observatoires sont ceux de Paris, de Londres, & de Pekin.

OBSERVER. La mode dit actuellement, je vous observerai, au lieu de, je vous ferai observer; mais la mode dit mal.

OBSTACLE. La prudence leve plus d'obstacles, que la force ; & l'amour est ingénieux à les surmonter.

OBSTINATION. Ou entêtement. Vice ordinaire des petits esprits & des dévots. *Delmire*, quelque chose qu'on lui dise, ne se rend jamais à l'évidence, il aime mieux mal penser, que de se conformer à la multitude ; il ne connoît d'autorité que la sienne, de science que ce qu'il a étudié, ou plutôt que les idées qu'il s'est faites à lui-même, & qui n'ont ni clarté ni liaison.

OBSTRUCTION. Maladie à la mode, & par conséquent plus souvent imaginaire, que réelle. Elle consiste dans des empêchements qui se rencontrent au passage des humeurs & des esprits animaux. On ne voit de toutes parts que des gens obstrués.

OBTENIR. C'est un plaisir de voir la souplesse de ceux qui font leur cour pour obtenir quelque bénéfice, ou quelque pension. Ils se courbent, ils se rapetissent, espérant bien se redresser avec tout l'avantage possible, sitôt qu'ils auront ce qu'ils désirent.

OCCASION. Les occasions développent les hommes, & les font souvent ce qu'ils sont. Personne ne sait mieux saisir une occasion qu'un amant, ou qu'un ambitieux.

OCCIDENT. Tout vieillard est dans son occident ; les femmes du monde n'en veulent rien croire, car quelque Agnès qu'elles puissent être, elles s'ajustent, & se parent comme si elles avoient encore toute leur fraîcheur. *Armise* a la tête branlante, & radote depuis dix ans, & néanmoins les couleurs les plus vives sont étalées avec profusion sur son visage & sur ses habits. Sa fureur est de mourir mouchetée, fardée, fontangée, & d'aller dans l'autre monde, comme si elle alloit au bal.

OCEAN. Nom de la mer, & que les Orateurs du siecle dernier employoient beaucoup au figuré.

OCRE. Espece de terre jaune, ou rouge, qui se trouve dans les mines de plomb. Quand Pierre le Grand vint à Paris, il dit que toutes les femmes étoient à l'ocre.

OCTOBRE. La saison des vendanges, & le temps de la meilleure chere.

>Ci git Jean qui baissoit les yeux
>A la rencontre des gens sobres,
>Et qui prioit souvent les Dieux
>Que l'année eût plusieurs Octobres.

OCULISTE. Titre à l'aide duquel les charlatans s'enrichissent; mais titre qui appartient bien légitimement à quelques hommes privilégiés que l'Europe admire avec raison.

OCCULTE. La matiere subtile de Descartes, & l'attraction de

Newton, ne sont à proprement parler que les causes occultes des Anciens. On donne souvent aux choses un air de nouveauté, en changeant simplement leur nom.

SCIENCE OCCULTE. C'est ainsi qu'on appelle la cabale qui n'a plus d'appui que dans le cerveau mal timbré de quelques vieilles douairieres qui mangent leur bien à chercher la pierre philosophale, & des secrets propres à leur dévoiler l'avenir : on en a vu qui vouloient voir le diable, & qui ne croyoient pas en Dieu.

OCCUPATION. Application à des choses sérieuses, de la part de tous ceux qui ont leur fortune à faire, ou leur vie à gagner ; & application à ne rien faire, ou à faire des riens, de la part de tous ceux qui ne connoissent d'existence, que le plaisir, ou l'honneur de végéter. Le jeu est maintenant l'occupation la plus ordinaire, comme le passe-temps qui amuſe les femmes, qui ſatisfait la cupidité, & qui donne entrée dans toutes les maiſons. *Larix* eſt plein de mérite & de talents, il parle comme il écrit, c'eſt-à-dire avec tout l'intérêt poſſible, & toute l'amabilité; & néanmoins *Larix* n'eſt point recherché, parce qu'il a le malheur de ne ſavoir perdre ni ſon argent, ni ſon temps.

OCCUPER. Le meilleur fruit qu'on puiſſe retirer des Colleges, eſt de ſavoir s'occuper. Alors la vie paſſe ſans inquiétude, & l'on ne reſſemble ni à *Jorin* ni à *Drumet*, qui n'ont d'autre emploi que celui de s'ennuyer, & d'ennuyer les autres, & qui voudroient qu'on paſsât rapidement du dîner, au ſouper.

ODE. Piece de vers dont l'enthouſiaſme doit être l'ame, & qui ſe chantoit autrefois. Ce qu'on prend pour du ſublime dans une Ode, n'eſt ſouvent que du Phebus.

ODEUR. Parfum dont on s'imbibe depuis la tête jufqu'aux pieds, & dont on s'imbiberoit encore davantage fi nos femmes à vapeurs n'en redoutoient l'exhalaifon.

ODIEUX. Ce qui fut autrefois odieux paffe maintenant pour gentilleffe, comme fi la mode pouvoit dénaturer les vices, & les changer en agréments.

ODORAT. Celui des gens de qualité doit être délicieufement affecté de tout ce que les effences ont de plus exquis.

ŒIL. On fait le rendre expreffif comme la parole même, quand on connoît l'art de la fuffifance, ou de la coquetterie. *Omphale* ne dit mot, & tout le monde lui reproche fon filence, parce qu'on ne s'apperçoit pas que fon cœur a pris la route des yeux pour fe communiquer à *Floris* qu'elle adore, & avec qui elle ne ceffe de converfer de la forte en préfence même du pere le plus furveillant, & de la mere la plus difficile.

ŒILLADES. Elles ont peut-être fait autant de mariages, que tous les pour-parlers.

Il eſt des Damoiſeaux dont l'œillade amoureuſe
Accompagne toujours la phraſe précieuſe.

ŒILLET. Fleur qui a une odeur de girofle, & qu'on prétend mal à propos n'avoir pas été connue des Anciens. L'œillet eſt d'une grande reſſource pour les bouquets, & par conſéquent pour l'enjolivement des petits-maîtres. *Selim* toujours autant fleuri que parfumé, connoît toutes les bouquetieres les plus renommées, & leur doit des quantités de fleurs qu'il prend à crédit ainſi que tout ce qu'il achete. Il faut que ſon valet de chambre lui apporte chaque matin l'élite des parterres dont il se pare avec tant de profusion, qu'on peut écrire *à Selim derriere son bouquet*, comme à l'enseigne la plus sûre pour le trouver.

ŒUF. Les ouvriers de Paris disent qu'une chose est aux œufs, pour dire qu'elle est élégante & parfaite.

ŒUVRE. Mot qu'on applique aux actions, & aux écrits. Les Chimistes appellent le grand œuvre le secret de faire de l'or, & les cuisiniers nomment hors d'œuvres certains plats légers qui ne forment pas un service régulier, & qui accompagnent ordinairement les potages, avant le service des entrées.

Quant aux œuvres qui signifient les ouvrages d'un Ecrivain, elles ne prennent ce nom que lorsqu'elles composent plusieurs volumes; & c'est en ce sens qu'on dit les œuvres de Mr. de Voltaire, &c.

OFFENSE. L'homme s'offense de
ce

ce qui blesse son orgueil, la femme de ce qui attaque son âge, ou sa physionomie, l'Auteur de ce qui avilit ses ouvrages.

> Un Auteur dont le moindre écrit
> Reçoit de légeres offenses,
> Souffre plus que Job ne souffrit,
> Bien qu'il eut d'extrêmes souffrances.

OFFICE. Rendre un bon office à la plupart des hommes, c'est faire des ingrats.

OFFICE. Reduit où l'on met l'argenterie, & où mangent les maîtres d'hôtel & les valets des chambres.

OFFICIER. Nom consacré pour désigner ceux qui dans le service militaire ont des grades & des dignités, & nom qui rappelle au souvenir ce que la nation a de plus utile & de plus précieux.

OFFICIEUX. Il est rare de trouver des personnes sincérement officieuses, chez qui la générosité ne soit pas ostentation, ou grimace.

OFFRE. Si l'on acceptoit toutes les offres qui se font, on tromperoit bien du monde.

OFFUSQUER. Tout mérite qui offusque est un mérite qu'on ne veut point reconnoître.

OGRE. Animal fabuleux, & fort célebre dans les contes des Fées.

OH ! Interjection qui annonce de la colere, ou de la surprise.

OIE. PETITE OIE. C'est en terme d'amour, certaines privautés que la bienséance ne connoît pas.

OIGNON. Rang d'oignon vient de ce qu'Artus Baron d'Oignon, faisoit l'office de Grand Maître des Cérémonies aux Etats de Blois, & assignoit le rang de tous les Seigneurs, & de tous les Députés.

OILLE. Ragoût des Espagnols qui consiste dans un mélange de toutes sortes de viandes & de légumes,

& qu'on fait cuire dans une large marmite. Une bonne oille coûte jusqu'à vingt piſtoles, & il n'y a gueres de grande table en France, où ce mets ne ſoit pas connu.

OISEAUX. C'eſt ordinairement la paſſion des femmes qui n'aiment ni les chiens, ni les chats.

Que votre ſort eſt différent du nôtre,
Petits oiſeaux qui me charmez !
Voulez-vous aimer, vous aimez;
Un lieu vous déplait-il, vous paſſez dans un autre.

OISELEUR. Homme qui pour ſon plaiſir s'amuſe à la chaſſe des oiſeaux.

Que fais-tu dans ce bois, plaintive tourterelle ?
Je gémis, j'ai perdu ma compagne fidelle ;
Ne crains-tu point que l'oiſeleur
Ne te faſſe mourir comme elle ?
Si ce n'eſt lui, ce ſera ma douleur.

OISIVETÉ. L'élement & la vie

d'une multitude de personnes qui répandues dans tous les Etats, n'existent que pour consumer des vivres, & pour végéter. Il n'y a que trois temps, que trois actions chez l'indolent *Sisiphe*. Il se leve, il mange, il se couche, & *Fatine* son épouse ne connoît d'autre occupation que celle de se barbouiller le visage, de caresser un chien, & de jouer.

Les Chanoines vermeils, & brillants de santé,
S'engraissant d'une longue & sainte oisiveté.

OLIVE. Espece de bouton qui s'appelle de la sorte, parce qu'il a la forme de ce fruit. Les plus belles olives sont d'or, & à grains d'épinars. La mode en étoit passée, mais elle revient plus vivement que jamais. L'olive est l'agrément des surtouts, & des fracs.

OMBRAGE. Mot à double sens, & dont ce qui suit, où ce qui précede détermine la signification. On se met à l'ombrage d'un bois, quand on a chaud, & l'on fait ombrage aux jaloux, quand on est en faveur.

OMBRAGEUX. Qualité des petits esprits qui toujours sur le qui-vive, sont à l'affut de tout ce qui se dit, pour observer, si on les badine, & si on les blessé. Ceux qui n'entendent point une langue, sont volontiers ombrageux.

OMBRE. Les jolies femmes ne manquent presque jamais de s'associer à quelques personnes laides, afin qu'elles leur servent d'ombre.

OMELETTE. Ragoût toujours ancien, ragoût toujours nouveau ; ce mets en effet est de tous les pays, & de tous les temps. Le peuple dit une omelette d'œufs.

OMETTRE. Il n'y a rien qu'on omette plus volontiers, que ce qu'on doit faire; & sur-tout lorsqu'il s'agit de secourir le prochain.

ON. Particule qu'emploient plus que tout autre les gens mystérieux, ou discrets. Dans la crainte de compromettre ceux qui leur ont appris quelques nouvelles, ils commencent toujours leurs phrases, par on débite, ou l'on dit.

ONCLE. Mot qui ne se trouve guere à la fin d'un vers, comme n'ayant d'autre rime que furoncle.

ONDÉ. On dit d'une étoffe qu'elle est ondée, lorsqu'elle a des ombres & des nuances plus & moins vives.

ONEREUX. On connoît toute l'énergie de ce mot quand on vit avec des hommes pointilleux, ou bavards.

ONGLE. Il est étonnant comment la mode n'a point encore imaginé de se faire peindre les ongles, lorsqu'on est superbement paré. S'il étoit possible que l'eau ne gâtât point la peinture, il feroit joli de voir sur chaque ongle les portraits en mignature de ses parents, ou de ses bons amis.

ONIX. Nom d'une pierre précieuse qui est une espece d'agathe, & qui n'est guere en usage.

OPERA. Nom que les Italiens ont donné aux poëmes dramatiques mis en musique, & chantés avec des accompagnements d'instruments, de machines, & de décorations extraordinaires. L'Abbé Perrin, (comme si cela devoit venir d'un Abbé,) fut le premier qui obtint la permission d'établir un Opéra dans Paris en 1669 ; & depuis cette époque ce spectacle a toujours été exécuté au grand contentement des François, & non des étrangers qui n'en aiment ni la musique, ni les récitatifs.

Les jours d'opéra sont beaucoup plus connus des personnes à la mode, que les Dimanches & les Fêtes, &

même on peut dire qu'on ne date plus parmi les gens fanatiques du théatre, que d'après les jours de spectacle dont on a le Calendrier, avec le nom & surnom de toutes les pieces, & de tous les Acteurs.

OPERA COMIQUE. Ramas d'Arietes, d'inepties, & presque toujours d'obscénités qui passent à la faveur de l'équivoque, & de la musique. Il y a cependant quelques petits opéra dans ce genre où l'esprit fait très-bien sa partie ; mais ils sont rares, de maniere qu'on ne peut supporter la lecture des Anciens qu'on remet sans cesse sur la scene.

OPERATEURS. Nom qui se donne aux habiles Chirurgiens, comme aux Charlatans, quoiqu'il y ait parmi les uns, & les autres une prodigieuse différence.

OPIAT. Composition pour blanchir les dents, & qu'on ne manque guere de trouver sur toutes les toilettes.

OPINIATRETÉ. Il y a long-temps qu'on a dit que la petitesse de l'esprit faisoit l'opiniâtreté, & malgré cela ceux qui sont opiniâtres, n'en sont pas moins fiers.

OPINION. La Reine du monde en ce qu'elle gouverne presque tous les esprits. On se laisse entraîner par le goût de son siecle, par le sentiment de ceux qu'on fréquente, par le raisonnement des livres qu'on lit.

OPINION ou estime. Plus on est borné, plus on a bonne opinion de soi. Il n'y a que le vrai Savant qui soit simple, & qui craigne de se tromper.

OPIUM. Suc distillé des têtes de pavôts, & dont les Turcs font un grand usage pour endormir leurs douleurs, ou leur ennui. Ils en prennent des doses qui seroient pour nous des poisons, & que l'habitude leur rend familieres sans aucun risque. L'opium dissout le sang, & lorsque la dose est trop forte, il cause la mort, ou la folie, après avoir jetté dans la léthargie la plus profonde.

OPPOSER. On irrite souvent l'amour, en voulant s'y opposer avec trop de force & d'ardeur.

OPPOSITION. Il n'y a pas une plus forte opposition que celle qui se trouve entre la vivacité des François, & le flegme des Allemands. *Tyrsis* arrive dans une ville d'Allemagne, il descend à l'auberge, il crie, il tempête il appelle toute la maison; il demande cent choses à la fois, & commence par se plaindre du pays & de la nation, lorsqu'après avoir bavardé pendant une demi heure, il apperçoit des gens qui ont les bras croisés, qui ne se remuent pas, & qui se contentent d'opposer à toutes ses impatiences deux mots prononcés lentement, *ïa, ïa*, qui veulent dire *oui, oui*.

OPPRESSION. Que d'hommes opprimés par les hommes. Il semble que l'humanité soit partagée en deux moitiés, & que l'une n'est faite, que pour nuire à l'autre.

OPPROBRE. Le plus grand est maintenant celui d'être pauvre.

OPTER. Les riches ont le pouvoir de considerer toutes les filles d'un pays, & d'opter dans un si grand nombre celle qui leur plaît pour en faire leur épouse, & peut-être leur maîtresse.

OPTIQUE. Personne ne connoît l'optique aussi bien qu'une coquette, soit pour ménager des jours à son avantage, soit pour se tenir dans une juste distance des personnes qu'elle veut éblouir, soit pour savoir combien il faut de bougies dans son appartement, & comment elles doivent être placées pour lui donner plus de luſtre & plus d'éclat.

OPULENCE. Le lot des Financiers, & qui les fait nager dans le ſein de toutes les délices. L'opulence n'enrichit les ſens qu'aux dépens de l'ame, & n'énerve les mœurs qu'aux dépens du cœur. Plus on a de biens, plus l'ame s'appauvrit, & plus le cœur s'endurcit.

OPULENT. Titre envié plus que tous les titres.

Etes-vous opulent, chacun vous fait la Cour;
L'or fut à Jupiter un ſecret en amour.

OR. Le plus ductile, le plus pur & le plus peſant de tous les métaux, qui eſt l'occaſion de bien des crimes, & la ſource de quelques vertus. L'or cache les défauts du cœur & de l'eſprit ; il ennoblit la roture, il embellit la laideur, il blanchit la noirceur. Avec de l'or on ſe tranſporte où l'on veut, on agit comme on veut, on se procure tout ce qu'on veut. Il donne l'usage du monde, des graces, des talents, du crédit. *Griffon* stupide, mal-propre, contrefait, n'osoit il y a dix ans se présenter, ou parler. Il rougissoit sitôt qu'il s'appercevoit que quelque regard venoit à tomber malencontreusement sur lui. Il hérita l'an dernier d'une succession qui lui donne des terres, des équipages, une table, des valets; & maintenant il fixe, il fait baisser la vue, & ne cesse de discourir.

ORACLE. Il n'y a guere de société qui n'ait son oracle, & celui qui joue ce rôle n'a souvent en partage que beaucoup de fatuité. J'arrive au milieu d'un cercle, & *Clitandre* tient en haleine tous les esprits. Il passe de l'histoire à la politique, de l'éloquence à la poésie, il arrange les Royaumes, il regle les finances, il fait voler des armées, & je m'apperçois que chacun écoute, que chacun admire, & qu'enfin *Clitandre* n'a que la raison contre lui.

ORAGE. On n'est jamais plus dévot que lorsque le ciel gronde, mais la dévotion se passe avec le tonnerre, & avec les éclairs.

> Durant la fureur de l'orage,
> Le plus intrépide courage
> Invoquoit le Ciel à genoux;
> Mais arrivés au port par le secours des rames,
> Nous ne songeames plus qu'à caresser les Dames,
> Quand nous eumes laissé la mer derriere nous.

ORAGEUX. Bien des femmes ont l'humeur orageuse, mais elles s'en corrigent quand on s'en moque, ou quand on n'y fait pas attention.

ORAISON. Exercice maintenant peu connu, à moins qu'on ne veuille appeller Oraisons les prieres qu'on adresse aux gens en place, pour pouvoir parvenir.

ORANGE. Les meilleures viennent de Malte, & c'est du bon ton de les connoître, & d'en faire venir, pour en distribuer aux jolies femmes qu'on fréquente.

ORANGERIE. Serre où l'on conserve les orangers pendant l'hyver, & qu'il faut absolument se procurer, quand on est possesseur de quelque jolie terre, ou de quelque agréable maison de campagne aux environs de Paris. *Mon orangerie* fait un merveilleux effet dans la bouche de *Dorimene*. A force de répéter ce mot, il fait oublier qu'il nâquit dans une boutique, & qu'il n'avoit pas une obole il y a vingt ans.

Les rubans orangés trouvent à se placer dans tous les temps. Comme on les porte à tout âge, ils se soutiennent malgré la révolution des modes.

ORANGEADE. Il y en a qui la préferent à la limonade comme plus agréable, & beaucoup moins commune.

ORATEUR. Les Orateurs du temps passé ne sont plus qu'admirés. On craindroit de les imiter ; leur noble simplicité deplaît. *Cliton* fait jouer & badiner avec les raisonnemens les plus abstraits, les plus brillantes figures de Rhétorique. Ce ne sont dans ses ouvrages, comme dans ses discours, qu'expressions effeminées, que chûtes épigrammatiques, qu'une symétrie étudiée de tours artificiels & fatiguants que la vérité méconnoît ; mais *Cliton* enchante, & est enchanté lui-même de son genre d'écrire, parce qu'il est tout à la fois Métaphysicien riant, Logicien fleuri, Historien cadencé, Interprete délicat, c'est-à-dire, tout ce qu'il ne devroit point être.

ORATOIRE. Congrégation savante où l'on ne fait aucun vœu, qui a produit des hommes admirables en tout genre, & qui est la plus excellente école pour les jeunes gens qui veulent s'instruire, & se préserver des écueils de leur âge.

ORCHESTRE. L'endroit où l'on place la simphonie, & tous les joueurs d'instruments. Il faut être Financier ou Seigneur pour avoir chez soi une *Orchestre*, & encore compte-t-on ceux qui ont cette fastueuse superfluité.

ORDINAIRE. Ce qu'une personne a réglément à son dîné & à son soupé. On prend souvent sur cet ordinaire les repas qu'on donne par ostentation, en rachetant par une lezine domestique, la dépense qu'on fait au-déhors. C'est assez le ton de la province.

ORDONNER. Autrement commander.

Pendant que l'un & l'autre, à l'amour s'abandonnent,

Et qu'ils jurent si tendrement
De s'aimer éternellement ;
Leurs severes parents, autrement en ordonnent.

ORDRE, ou symétrie, par laquelle toutes choses sont très-bien disposées, & qui éclate dans les jardins, dans les appartements, & dans les repas des hommes riches & fastueux.

ORDURES. Paroles sales que la plupart des jeunes gens ont toujours à la bouche, comme un langage qu'ils s'imaginent qu'on doit prendre pour être du bon ton. Il n'y a que la compagnie des femmes qui leur en impose sur cet article, & encore trouvent-ils moyen à l'aide de l'équivoque, d'exhaler une partie de leurs obscénités. Il semble qu'il n'y ait pas dans l'Univers d'autres matieres sur quoi discourir. Toujours, & toujours ce sont les mêmes redites, & les mêmes saletés.

OREILLES. Celles qui font chaftes, ne se trouvent pas trop à leur aise dans le siecle où nous vivons. Celles des riches sont presque toujours ouvertes aux adulations, comme celles des femmes galantes aux fleurettes.

OREILLER. Certains habitants du Nord se font des pyramides d'oreillers pour pouvoir reposer plus à leur aise; mais les François beaucoup mieux avisés que toute autre nation dans tout ce qui s'appelle commodités, n'en ont qu'un seul, & s'en trouvent fort bien.

ORFEVRE. On doit avoir son orfevre comme son jouaillier, ou l'on ne vit que bourgeoisement.

ORGANE. Rien ne favorise plus l'Orateur, & ne donne plus d'éclat à l'éloquence, qu'un bel organe. *Zélis* n'a que ce mérite, & il séduit tous ceux qui l'écoutent.

ORGANIQUE. Un homme qui en

parlant de l'histoire naturelle, fait placer à propos les termes *d'organique* & de *métallique*, passe aux yeux de la multitude pour très-connoisseur. Il n'y eut jamais un temps où les mots furent autant honorés, que dans celui-ci.

ORGANSIN. Soie torse qu'on a fait passer deux fois par le moulin. Le plus bel organsin vient de Turin.

ORGEAT. Liqueur rafraichissante faite avec des amandes, fort en usage à Paris, & fort propre à enrichir les limonadiers, quand ils en ont un grand débit.

ORGUE. Le plus bel instrument de Musique en ce qu'il en réunit toutes les parties. La construction de ménuiserie qui renferme toute la machine de l'orgue, s'appelle buffet. On voit en Italie des orgues hydrauliques qui jouent par le moyen de l'eau dans des grotes.

ORGANISTE. C'est-à-dire celui

qui touche l'orgue. Mr. Balbatre est aujourd'hui le plus renommé. On raffolle de sa composition, & de son jeu, & c'est avec connoissance de cause.

ORGUEIL. L'élément des riches, qui seroient fâchés de respirer un autre air que celui de la vanité. Rien ne punit un orgueilleux comme l'orgueil même. La gloire qui le suffoque l'empêche de parler, & de se répandre, & lui fait essuyer dans le cours de la vie les instants du plus cruel ennui.

ORGUEILLEUX. C'est-à-dire le fléau des sociétés, & l'animal qu'on déteste davantage. *Cresus* se rengorge, se balance, se pavane, & enchanté de ses talents, de ses biens, de son esprit, de sa figure, de sa personne, il n'est fâché, que de ce qu'il y a des êtres qui lui ressemblent, & qui comme lui ont un visage, des yeux, des pieds & des bras.

ORIENTAL. On donne ce nom au style qui trop empoulé, s'annonce d'une maniere gigantesque, c'est-à-dire au style que notre goût pour l'extraordinaire, & pour le nouveau, a mis en faveur.

ORIGINAL. Personnage fort commode pour quiconque veut vivre en pleine liberté. Rien ne dispense des usages, des modes, & des cérémonies comme l'originalité. *Cécrops* sort aussi brusquement d'une maison qu'il y entre, il ne fait ni compliments, ni révérences, il dit sans façon tout ce qui lui vient dans l'idée; sa démarche est risible, son habillement burlesque, son goût bizarre; & tout cela loin de le décréditer, l'excuse; parce qu'on sait qu'il est original. Quand on a pu mériter ce titre on fait impunément tout ce qu'on veut.

ORIGINAL. Ou piéce fondamentale qui sert à constater la vérité de la naissance, ou la légitimité de quelque poſſeſſion. Que de titres falſifiés qui paſſent pour des originaux!

ORIGINE. Commencement de quelque maiſon, ou de quelque race. L'origine de tous les hommes n'a point eu d'autre principe que du limon.

ORIGINEL. La nobleſſe chez bien des perſonnes, eſt un ſecond péché originel, qui corrompt toutes leurs actions, & qui les rend inſupportables dans la ſociété.

ORIPEAU. Laiton battu en feuilles dont on fait divers ornements qui ont plus d'éclat, que de richeſſes, & plus d'analogie avec le ſiecle, qu'on ne préſume.

ORME. Le rendez-vous de preſque tous les amants romaneſques. C'eſt toujours ſous l'orme qu'on les ſuppoſe.

ORNEMENTS. L'imagination aidée de la vanité, s'eſt épuiſée ſur cet article. Il n'y a point de parure que la femme, & le petit-maître n'aient employé pour se singulariser, ou pour s'embellir. Aussi peut-on dire que les personnes à la mode, mettent tout à contribution, à dessein d'emprunter des graces & de l'éclat.

ORNEMENT. Figure qui embellit le discours. On n'est point assez sobre à ce sujet. Les Orateurs du temps entassent ornements, sur ornements, sans penser que c'est la symétrie, & non la profusion qui fait la beauté.

ORPHELIN. On ne connoît que celui *de la Chine*, parce que celui-là ne coûte rien à entretenir.

ORTOGRAPHE. L'art d'écrire les mots correctement. Peu de femmes savent ortographier, mais ce qu'il y a d'extraordinaire, c'est que la plupart des hommes qui ont étudié tombent dans la même faute. Cela suppose qu'on a lu sans jugement, & sans attention.

ORTOLAN. Petit oiseau d'une graisse excessive, & si délicat qu'on le cite ordinairement comme le morceau le plus friand. *Sarcos* laisseroit plutôt expirer de faim les pauvres qui l'importunent, que de se refuser la consolation de manger des ortolans. Ils lui sont plus précieux, que tout le genre humain.

ORVIETAN. Toutes les professions ont leurs vendeurs d'orviétan. Cette drogue est un fameux électuaire qui tire son nom de l'Opérateur Italien qui l'imagina.

OSER. Mot qu'on emploie à tout propos, & pour la plus petite bagatelle. On ne demande pas la moindre chose à table, qu'on ne dise oserois-je vous demander, &c. Cela s'appelle abuser des termes.

OSSELET. Jeu composé de petits os d'yvoire. Un Poëte pour exprimer la maigreur d'une femme, dit fort plaisamment.

> Son corps est fait de Chapelets,
> Et c'est jouer aux osselets,
> Que de se jouer avec elle.

OSTENTATION. Air de suffisance, parade de ce qu'on possede, ou de ce qu'on fait. *Pison* veut que personne n'ignore les richesses de sa mémoire, ainsi que celles de sa maison; il raconte mille histoires toutes relatives à ses ancêtres, il étale la magnificence de je ne sais combien de successions, il promene tous ceux qui le visitent dans des appartements qui ne finissent pas, dans des jardins qui paroissent des forêts; il leur fait servir des repas les plus superbes, & les plus somptueux. S'il n'y avoit pas d'ostentation dans l'Univers, que deviendroit *Pison* ?

OVALE. Le visage ovale porte avec soi un air distingué, mais il n'a pas la gentillesse du visage rond, de sorte qu'il sied beaucoup mieux aux hommes, qu'aux femmes, quoiqu'en pensent les Italiens.

OUATE & non ouette. Bourre de soie bien préparée, qu'on emploie à fourrer des vestes & des robes, & d'autant plus volontiers, que cela coûte fort peu.

OUBLI. Rien de plus vîte oublié que ceux qui demandent, & qui sont dans la peine.

OUBLIE. Espece de pâtisserie qui ressemble à la gauffre, qu'on crie le soir par les rues, & qui ne se vend plus qu'au menu peuple.

OUBLIER. Mot qui se trouve presque toujours à côté de celui de bienfait.

N'oublions jamais, mon cher frere,
Que la douleur, & la misere,
Du corps mortel que nous avons,
Et de la terre où nous vivons
Sont l'apanage nécessaire.

S'OUBLIER, ne pas se re

de ce qu'on étoit. On ne voit que gens qui s'oublient, & qui sans doute pour se dédommager de leurs humiliations passées, portent l'insolence jusqu'où elle peut monter.

OUI.

Quand on a prononcé ce malheureux oui
Le plaisir de l'amour, est tout évanoui.

OUI DIRE. Malheur à celui qui croit les *ouï dire*. Il joue le rôle d'imbécille, & risque de ne jamais savoir la vérité.

OUIR. Terme qui a vieilli, & auquel on a substitué celui d'entendre.

OUISK. Jeu de cartes qui vient des Anglois, qu'on ne joue plus en Angleterre, & dont les François raffollent maintenant, jusqu'à ce qu'il vienne quelqu'autre amusement. n'a rien de merveilleux que yeauté, & les mots singuliers qu'on y emploie, pour signifier ce qui se pratique dans presque tous les jeux.

OURAGAN, ou vent impétueux. La fortune a ses ouragans, comme le monde ses révolutions.

OURDIR. Que de gens qui n'existent que pour ourdir des histoires & des trahisons, & qu'on a la lâcheté d'entendre & de ménager.

OURLET. Il n'y a plus que les couturieres, & les demi-bourgeoises qui s'avisent de faire des ourlets, à moins que l'amour des pauvres n'engage à ce travail quelques femmes de qualité; alors on voit jusque dans les plus superbes palais, des Dames vertueuses & délicates, s'appliquer à coudre & à ourler.

OURS. Nom qu'on donne aux gens bourrus, & qui leur convient. Les pattes d'ours sont réputées pour un mets délicat.

OURSIN. Coquille de mer multivalve, c'est-à-dire composée de plusieurs pieces, & la grande ressource des cabinets d'histoire naturelle.

OUTARDE. Gros oiseau fort commun dans les pleines de Champagne & de Picardie, & qu'on suppose gratuitement avoir toutes sortes de goûts.

OUTRAGE. Offense portée à l'excès.

Un discours trop sincere aisément nous outrage.

Les femmes se croient outragées, quand on n'a pas pour elles toutes les attentions qu'elles exigent.

OUTRÉ. On est beaucoup aujourd'hui dans le goût des métaphores outrées, parce qu'on s'éloigne du naturel le plus qu'on peut. Les Comédiens François sont trop outrés dans leurs gestes, & dans leur déclamation.

OUVERT. Une maison ouverte à

tout le monde, est assez souvent l'assemblée des fats & des sots; comme un cœur également ouvert à tous les hommes, est un cœur qui n'aime personne.

OUVERTURE. Les étourdis, comme les amoureux font sur le champ des ouvertures de cœur. Je n'ai jamais vu *Durbin*; il m'aborde, il me parle, & déjà je sais ce qu'il fait, d'où il est, quels sont ses ayeux, quel sera son bien, & quels ont été ses sujets de plainte à l'égard de sa mere, contre laquelle il plaide depuis trois ans.

OUVRAGE. Il n'y a plus d'ouvrage parmi les femmes du bel air; elles n'en ont conservé que le sac, comme un agrément qui annonce qu'elles travaillerent autrefois.

OUVRAGES. Productions d'esprit. Le nombre en est si multiplié, & en tant de genres différents, que la liste seule forme des *in folio*. Depuis que les rêves s'impriment, & que les mensonges se vendent pour des vérités, le monde est rempli de brochures dont les unes durent un mois, les autres deux, & qui toutes ne servent qu'à entretenir la folie des hommes, ou leur oisiveté. Il n'y a que quelques ouvrages solides qui surnagent sur l'Océan de nos frivolités, & que la multitude ne veut ni lire, ni connoître.

OUVRIER. Le seul nom des ouvriers dont on se sert, décide du goût qu'on a pour l'élégance, & pour la parure. *Clotilde* a la robe la plus charmante, selon toutes les proportions & toutes les regles de l'art, mais sa robe aura toujours le défaut de n'avoir pas été faite par la plus fameuse ouvriere.

OUVRIR. Rien n'ouvre l'esprit, comme la lecture jointe à l'usage du monde. *Babouc* ne quitte ni son cabinet, ni ses livres; toujours renfermé en lui-même, il n'a de conversation qu'avec ceux qui ne sont plus ; aussi s'en apperçoit-on dès les premieres lignes de ses ouvrages. On n'y trouve qu'une pésante érudition, qui annonce que pour bien écrire, il faut parler aux hommes, & les entendre parler.

OUVRIR LES YEUX. Que de personnes qui meurent à soixante, & quatre-vingts ans, & qui avec les plus beaux yeux du monde, ne les ouvrirent jamais. Leur vie ne fut qu'un enchaînement de préjugés, au point qu'ils prirent la lumiere même pour des ténebres.

P A

PACIFICATION. Moins on a le tempéramment bouillant, plus on aime la pacification ; de sorte que le sang, & les humeurs contribuent plus qu'on ne croit, au maintien, ou à l'abolition de la paix.

PACTE. Celui qu'on fait avec ses propres passions, est la plus dangereuse de toutes les conventions.

PACTOLE. Fleuve qui traîne avec ses eaux des grains d'or, & qui a pris son cours parmi les Traitants.

PADOU. Nom d'une espece de ruban fait avec la bourre de soie, & qui n'est plus connu que des artisans.

PAGE. *Ariste* n'a jamais lu une page entiere depuis qu'il parcourt tous les livres qui lui tombent sous la main, & il n'en est ni moins tranchant, ni moins orgueilleux.

PAGE. Gentilhomme au service des Souverains, ou des Princes. Il y a des Cours en Europe où l'on reste page toute sa vie.

PAGNON. Drap noir fort fin de la manufacture de Sedan, dont l'Auteur se nommoit *Pagnon*.

PAYER. On paie le plus tard

qu'on peut, & cette maniere d'agir, annonce qu'on est au-dessus du vulgaire & du préjugé. *Sorinde* ne feroit pas perdre cent mille livres à ses créanciers, s'il n'avoit eu qu'une naissance, & qu'une éducation bourgeoises ; mais il a pensé qu'on étoit trop honoré de lui prêter, & il a pris à toutes mains, sans s'occuper du soin de rendre.

PAILLASSE. Nom qu'on donne à celui qui parmi les danseurs de corde joue le rôle de bouffon.

PAILLES. C'est en termes de lapidaire, les obscurités qui se trouvent dans les pierres précieuses, & qui en diminuent beaucoup le prix.

PAILLASSON. Espece de natte qu'on met à l'entrée des appartements & où l'on essuie ses pieds.

PAILLETTES. Petits grains d'or, ou d'argent aplatis, & percés par le milieu qu'on applique sur la broderie pour lui donner plus d'éclat, & qu'on appelle bouillon.

PAIN. On ne sert que du pain chappelé dans les bonnes tables : le meilleur pain se fait à Rome, & ce sont les eaux qui y contribuent.

PAYS. Il n'y en a point de meilleur que celui où l'on se porte bien.

PAYSAGE. Nom qu'on donne aux tableaux qui représentent des vues champêtres.

PAYSAN. Celui qui pour nous nourrir porte le poids de la chaleur, & du jour, & que nous payons ordinairement d'ingratitude & de mépris.

PAITRIR. Les Grands se croient paitris d'un autre limon que le reste des hommes, & sont enragés de voir qu'une personne qu'ils écrasent, a la même forme qu'eux.

PALAIS ROYAL. Le rendez-vous des graces, des gentillesses, de toutes les modes naissantes, où l'on apprend à connoître les nouvelles étoffes & les nouveaux livres.

PALAIS. Endroit où l'on rend la juſtice, & où des eſpaliers de galanteries, fixent les yeux de tous les paſſants; car avant que d'arriver au ſanctuaire de Themis, il faut paſſer ſous les armes d'un nombre infini de jeunes Marchandes qui vous appellent d'une voix trompeuſe.

PALATINE. Garniture de cou à l'uſage des Dames, en fourrure ou en ſoie, dont la mode ſe paſſe de plus en plus, & qui fut imaginée par une Princeſſe de la Maiſon Palatine, il y a plus de cent ans.

PALEFRENIER. Celui qui panſe les chevaux, & qu'on ne manque pas de prendre à la taille, quand on aime le faſte.

PALET. Le jeu du palet comme celui de la boule ne ſe ſoutient plus que parmi les habitants des petites villes, ou dans les guinguetes de Province.

PALEUR. Graces au rouge, qu'on emploie avec profusion, on ne voit presque pas de visages pâles & défigurés. *Ziphone* quoique vieille, & quoique bazannée, se donne une physionomie de vingt ans à l'aide de tous les vermillons qu'elle étend sur son visage, dont elle fait un pastel.

PALIR. Il faut se défier d'un homme que la colere fait pâlir.

PALPITER. L'amour comme la crainte cause de vives palpitations.

PAMOISON. Il faut savoir se pâmer à propos, lorsqu'on aspire aux honneurs de la fatuité.

PANACHE. Faisceau de plumes qui liées par le bas, & voltigeant par le haut, forme une espece de bouquet ; la panache ne sert plus qu'à orner le bonnet de quelques Comédiens, lorsqu'ils jouent des rôles de heros, ou la tête des mulets.

SE PANADER autrement se carrer. On ne fréquente les promenades publiques que pour avoir l'avantage de se panader, quand à l'exemple de Bias, on porte tout avec soi.

PENCHANT. Inclination à faire une chose plutôt qu'une autre.

Hélas ! de son penchant, personne n'est le maître,
Le penchant de nos jours est toujours violent ;
J'ai su faire des vers, avant que de connoître
Les chagrins attachés à ce maudit talent.

PANEGYRQIUE. Mot grec qui signifie solemnel, & qu'on applique à l'éloge qu'on fait des Saints, parce qu'on les préconise les jours de solemnité.

PANNE. Espece d'étoffe de soie qui paroît une imitation du velours, qu'on fabrique dans la ville d'Amiens, & dont quelques Abbés, & presque tous les cochers, & les laquais se font des culottes.

PANTALON. Espece de caleçon qui tient avec les bas, & que les élégants portent en voyage.

PAPA. Terme d'enfant, & que les filles de qualité à quelqu'âge qu'elles puissent être, emploient par air à l'égard de leur pere.

PAPE. C'est un ton de crier contre le Pape, ainsi que contre la Religion, sans savoir ce qu'on dit.

PAPELINE. Etoffe de fil, & de fleuret, dont les petites bourgeoises font leurs beaux jours.

PAPIER. Que de papier dans l'univers employé à faire courir des mensonges, des sotises, & des futilités.

Un pedant dont on voit la plume libérale
D'officieux papiers fournir toute la hâle.

PAPILLON. Nom qu'on applique fort à propos aux petits-maîtres qui ne font que voltiger, & dont la vie par cette raison, est un vrai papillonnage.

PAPILLOTE. Petit morceau de papier pour envelopper une boucle de cheveux, & qui fait l'occupation, & le mérite de bien des gens.

PAPILLOTAGE. Mot qui s'emploie pour exprimer tous les colifichets de la parure; & tous les attributs de la frivolité pris collectivement. On nous a donné depuis peu, un petit ouvrage qui porte ce titre, & qui est fort joli.

PAQUERETE. Plante ainsi nommée, parce qu'elle fleurit vers Pâques. Les paqueretes, & les bluets sont les plus jolis rubans dont les femmes puissent se parer.

PARADE. On dit habits, chambre & lit de parade. Et c'est aussi le nom d'une sorte de Comédie fort à la mode dans ces derniers temps où le plaisant est poussé jusqu'au ridicule, par des caracteres forcés, de fausses allusions, de mauvaises pointes, & des peintures sans vraisemblance.

PARADE. Espece d'exercice qui se fait dans tous les Régiments à l'heure de midi, & auquel les Officiers se rendent plus exactement qu'à tout autre, & parce que c'est le rendez-vous général, où l'on reçoit l'ordre, & où l'on apprend les dispositions des Chefs, & parce que c'est là où se débitent les nouvelles.

PARADIS. Lieu où les spectateurs avares, indigents ou polissons se placent, & qui est au-dessus des secondes loges, & le plus élevé de la salle du spectacle.

PARADOXE. Sentiment contraire à l'opinion commune, & quelquefois à la vérité. On ne voit que paradoxes dans les écrits du temps. *Gilin* s'abandonne à la rapidité de sa plume, & à toute l'impétuosité de son imagination, pour avoir le plaisir d'apprendre à l'Univers qu'il est un monstre en fait de sentiment, & de pensées; en ce que personne ne s'avisa jamais de sentir & de penser comme lui.

PARAGE. Mot qui signifioit autrefois noblesse ou grandeur, & qu'on ne trouve plus que dans de vieux Noëls.

PARALLELE ou Comparaison. Il seroit facile de faire le parallele des petites-maîtresses, & des petits-maîtres. Mêmes airs, mêmes goûts, mêmes grimaces, même fatuité, même ton.

PARALYTIQUE. *Claris* qui seroit fâché d'écrire comme les autres, appelle un style languissant, *paralytique*, & un style boursoufflé, *hydropique*.

PARAPHE. La signature d'une personne, & que les gens d'affaires ont soin d'arranger de maniere qu'il faut des mycrofcopes pour pouvoir la déchiffrer. Il y a des hommes qui n'ont rien de grand que leur paraphe. C'eſt un ſurtout d'ignorance, qu'on met en gros volumes, lorſqu'on n'a que cela pour paroître.

PARAPHRASE. Interprétation ſoit littérale, ſoit allégorique, de quelque paſſage de la Sainte Ecriture. Perſonne ne paraphraſe auſſi éloquemment que Maſſillon, cet homme immortel que tous les ſiecles admireront, & n'égaleront pas.

PARAPLUIE, ou paraſol. Eſpece de petit pavillon portatif ſoutenu ſur une baguette, & fait avec de la baleine, & du taffetas. L'uſage eſt depuis quelque temps, de ne jamais ſortir qu'avec ſon parapluie, & de s'incommoder à le porter ſous le bras pendant ſix mois, pour s'en ſervir peut-être ſix fois. Ceux qui ne veulent pas ſe confondre avec le vulgaire, aiment beaucoup mieux courir les risques de se mouiller, que d'être regardés dans les promenades, comme gens qui vont à pieds; car le parapluie est la marque sûre, qu'on n'a pas d'équipage.

PARASITE. Fonction fort usitée, & sur-tout à Paris, où une troupe d'élégants qui ne vit que d'industrie, se répand à l'heure du dîner chez tous ceux qui font bonne chere, & qui ne font payer l'écot, qu'en nouvelles, en complaisance, & en bons mots. Il y a peu de gens qui tiennent maison, qui n'aient leur parasite & leur flatteur. *Mirtile* se présente d'un air modeste & riant, & après avoir demandé au portier du ton le plus honnête, comment il se porte, il s'informe de la santé de Monsieur, & de Madame; ensuite il monte jusqu'à l'anti-chambre où il fait le plus gracieux accueil au valet de chambre qu'il rencontre à propos, pour lui offrir une prise de tabac,

& pour être annoncé. *Mirtile* s'avance, chacun se leve & après avoir salué le plus révérencieusement qu'il est possible, il caresse le chien, il tire un papier de sa poche où il y a des nouvelles, & des épigrammes toutes fraîches, & joue son rôle de maniere à faire connoître à ceux qui ne l'ont jamais vu, qu'il vient chercher un dîner, & que c'est ainsi qu'il l'achete.

PARAVENT. Meuble d'hiver, & dont la mode à su faire une garniture de chambre aussi belle qu'utile.

PARC. Terrein considérable environné de palissades, ou de murs, pour y conserver des bêtes fauves, où pour le seul agrément d'une maison de campagne. *Risil* a cru de dix coudées, depuis qu'il dit mes avenues, & mon parc.

PARCHEMIN. Peau de mouton préparée qu'on emploie à écrire, ou à couvrir des livres. Le parchemin n'eſt plus en uſage comme autrefois, & il faut avouer que la plupart de nos productions ne méritent pas d'être imprimées ſur une matiere auſſi durable, puiſqu'elles ſont auſſi légeres que le papier qui les contient.

PARDON. Mot qu'on emploie à tout propos, & pour la plus petite choſe, quand il s'agit de s'excuſer.

PARENTS. On ne reconnoît plus que ceux qui ſont riches, & qui peuvent faire honneur par leur crédit, ou par leur emploi, de même qu'on s'en donne parmi les gens diſtingués, quoiqu'on n'ait avec eux aucune affinité. *Silene* eſt parent de tous ceux que la faveur éleve, & il n'a jamais connu ceux que la naiſſance a rendu ſes couſins, & ſes neveux.

SE PARER. La grande étude de toutes les perſonnes à la mode, & ce qui donne la plus grande conſidération aux yeux des sots. On se pare maintenant avec des chiffons, comme on se paroît autrefois avec des vertus. Le Sage n'est ni malpropre, ni paré, à moins que son état ne l'oblige à la représentation.

PARESSE. Péché mortel & capital dans tous les Catéchismes, & la vertu favorite de presque toutes les jolies femmes, qui passent leurs jours à s'abandonner à leurs sophas, à leurs lits, à leurs vapeurs, &c.

PARESSEUX. Les hommes qui ont le plus de génie, sont ordinairement ceux qui sont les plus nonchalants, quand il s'agit de travailler & d'écrire.

PARFAIT. Etre imaginaire parmi les hommes, & qu'on ne peut trouver en réalité que dans celui qui les a formé.

PARFUM. Odeur agréable, & que les poudres, & les pommades exhalent de maniere à laisser des traces

traces de senteur, par-tout où passent les petits-maîtres.

PARFUMER. On parfume les appartements, on parfume les habits, on parfume les mouchoirs, on parfume les pensées, & le métier de parfumeur, est maintenant dans Paris le plus lucratif.

PARIS. L'abrégé du monde, & l'assemblage de toutes les sciences, de toutes les opinions, de toutes les extravagances, de tous les goûts, de tous les plaisirs, de tous les chagrins, de toutes les richesses, de toutes les miseres, de toutes les vertus, de tous les vices, & de toutes les nouveautés. Les passions s'y mêlent, s'y heurtent, & y produisent des chef-d'œuvres de sagesse, ou de folie, des événements qui tiennent du phénomene, des monstres d'irréligion, & des prodiges de piété.

Cette Capitale donne tellement le ton, que la plupart de ses habitants, se croiroient hors du monde, s'ils n'y vivoient plus, & que la belle *Orose* ne fait pas difficulté de dire qu'elle aimeroit mieux être enterrée à St. Sulpice, que de vivre en province.

PARISIEN. Homme admirable quand il vit dans Paris, mais qui souvent végete lorsqu'il en est éloigné, & parce que l'ennui le gagne, & parce qu'il ne peut s'accoutumer à tout ce qui n'a pas l'air & le ton de la Capitale. Cependant ceux qui vantent le plus Paris, ne sont pas ceux qui en connoissent les agrémens. *Migas* arrive en province, & commence par déclamer contre tout ce qui se présente à sa vue. Il n'y a selon lui que Paris dans le monde où l'on se réjouisse, où l'on goûte le bonheur de jouir de tous les fruits de l'opulence & de l'industrie, & lorsqu'il y vivoit il n'avoit pas d'autre occupation, ni d'autre allure, que de courir aux promenades, de manger dans une arche de Noé, pour trente ou quarante fols, de paſſer des heures entieres dans un café, d'aller au ſpectacle, & de ſe rendre à un troiſieme étage qui étoit tout ſon chez-ſoi.

PARJURE. Perſonne ne ſe parjure comme un petit-maître qui joue le rôle d'amant par intérêt.

On fait de ces beautés les triſtes avantures,
Et l'empire amoureux eſt rempli de parjures.

PARLEMENT. Cour Souveraine établie par nos Rois pour rendre la juſtice à leurs ſujets, & compoſée des Magiſtrats les plus integres, les plus laborieux, & les plus ſavants.

PARLER. Il n'y avoit autrefois que deux manieres de parler, le geſte & la voix ; mais aujourd'hui l'on parle avec des bijoux, avec des ameublements, avec des équipages, avec des gentillesses, avec de l'orgueil ; de maniere que l'éloquence forte & persuasive, ne se trouve plus que du côté des riches. *Pollion* ne fait que montrer un diamant, & les sophismes qu'il soutient sont la vérité, même de l'avis de tous ceux qui l'écoutent, & son ignorance est le comble du savoir.

PARLEUR. C'est un heureux talent que celui d'être beau parleur, & encore avec cet avantage est-il à propos de ne pas trop parler, quoiqu'on puisse dire que les hommes dans ce siecle-ci sont moins silencieux que les femmes mêmes. Il est facile de s'en appercevoir, pour peu qu'on fréquente les compagnies.

PARLOIR. Il y a des Couvents où le parloir ne désemplit pas, & où la démangeaison de babiller fait dire tout ce qu'on sait, & tout ce qu'on ne sait point. *Sœur Sainte Lucie*, pour ne pas perdre un instant, demande cinq ou six différentes choses à la fois, & n'attend jamais la réponse, afin de n'avoir pas le déplaisir de rester une minute sans causer.

PARMESAN. Excellent fromage qui vient de Parme en Italie, & qu'on emploie dans toutes les grandes maisons pour l'assaisonnement de plusieurs mets, & sur-tout des macaroni.

PARNASSE. Mont qui se trouve en Grece, qui a deux sommets, & que les Poëtes consacrerent aux Muses.

>Vous me louez de bonne grace ;
>Mais pour cette immortalité
>Dont on parle tant au Parnasse,
>Hélas! ce n'est que vanité.

Tous ceux qui grimpent sur le Parnasse n'en rapportent ni or, ni argent. C'est une montagne où il ne croît que quelques lauriers, &

où l'on risque de mourir de faim.

PARODIE. Ouvrage d'esprit en vers, ou en prose, où l'on tourne en railleries d'autres ouvrages, en se servant de leurs expressions, & de leurs idées dans un sens ridicule & malin : le théatre offre de temps en temps des échantillons de parodie qui plaisent infiniment.

PAROISSE. Eglise gouvernée par un Curé, & qu'il est du bel air de ne plus fréquenter, depuis qu'il y a chez les Moines des Messes affichées comme le rendez-vous du beau monde, & celui des paresseux.

PAROITRE. Les filles n'ont pas sept ans, qu'elles aiment à paroître, tant on a grand soin de leur inspirer le goût de la mondanité.

PAROLE. Espece de monnoie avec laquelle on paie ses créanciers, & l'on contente ceux qui sollicitent des bienfaits. Il n'y a souvent rien de plus éloigné que la parole, & la penſée de celui qui prêche, ou qui promet.

PARQUE. On en compte trois ſelon la fable, ſavoir Cloto qui tient la quenouille, Lacheſis qui tourne le fuſeau, & Atropos qui coupe la trame.

> Qu'ainſi les Parques détournées
> Groſſiſſant pour toi leur fuſeau
> N'exercent leur fatal ciſeau,
> Que ſur tes obſcures années.

On donne le nom de parque aux vieilles femmes, & ce nom ne leur convient pas mal.

PARQUET. Aſſemblage de pluſieurs morceaux de bois qui forment divers compartiments, pour tenir lieu de pavé dans les appartemens, & qu'on a ſoin de faire frotter, de maniere que le parquet ſoit toujours luiſant. Le plus petit Commis ne peut plus habiter une chambre à moins qu'elle ne ſoit parquetée.

PARREIN. Un parrein croit avoir rempli tous ses devoirs, quand il a distribué des bouquets, & des dragées.

PARTAGE. La nature a fait ses partages avec économie, ne donnant de talents que proportionnément aux défauts.

PARTERRE. Mot employé pour désigner l'espace qui est entre le théatre & l'amphithéatre. En France on y est debout, & dans tout autre pays on y est assis fort commodément. On appelle aussi parterre les spectateurs mêmes, dont le parterre est rempli, & c'est lui que les Auteurs & les Acteurs regardent comme leur juge le plus formidable; cependant ce parterre n'est pas toujours impartial, & il n'arrive que trop souvent, qu'il n'a pas d'autres yeux que ceux de la cabale & de l'envie.

PARTERRE. Ce mot se dit aussi de la partie du jardin où l'on met des fleurs, ou des deſſeins, & de certaines étoffes ſemées de bouquets naturels qui repréſentent l'émail d'un jardin.

PARTI. On marchande une fille comme un cheval, & lorſqu'elle eſt riche, n'eût-elle ni eſprit, ni vertu, on dit que c'eſt un très-bon parti.

PARTI ou faction. Tout homme de parti a la berlue. Les choſes les plus claires, dès qu'elles ne quadrent pas avec ſa maniere de penſer, n'ont rien que d'équivoque & d'obſcur; en vain on veut le convaincre par des faits, & par toute autre évidence, il ne voit que ſa paſſion.

PARTIALITÉ. Ce qui guide la plume de la plupart des critiques & des hiſtoriens.

PARTIE. Terme de jeu, & qui ſignifie un certain nombre de tours, ou de coups; que l'uſage a déterminé. Les femmes ſe vantent d'avoir joué deux ou trois parties, comme un Général d'armée se félicite d'avoir remporté une victoire, & alors elles sont contentes de leur existence, de même qu'un grand Ministre est charmé d'avoir servi sa patrie.

PARTIR. Un petit-maître qui va faire un voyage ne doit partir qu'au milieu de la nuit, & au moment de quelque violent orage si cela se peut, afin de donner plus d'importance à la chose.

PARVENIR. Dieu nous préserve du voisinage, ou de la société, de quelqu'homme parvenu. Les gens de rien qui s'élevent, ne s'appliquent qu'à se dédommager des bassesses auxquelles leur ambition les assujettit, en méprisant tous ceux qui les approchent.

PARURE. Une des plus grandes passions du sexe, & qu'il emploie toujours à propos pour arriver à ses fins. *Feline* n'est si difficile sur son ajustement, que parce qu'elle attend de la maniere de se parer, le gain d'un cœur dont elle mitonne la conquête depuis du temps.

PAS. On connoît une personne à la façon dont elle marche. Les pas de l'étourdi annoncent ce qu'il est, comme ceux du fat sont le signal de la fatuité. Le pas du petit-maître est tantôt balancé, & toujours mignardé. Il semble qu'il ne peut marcher qu'en dansant.

PASQUINADE. Raillerie, ou bon mot qu'on attache à Rome à une statue mutilée connue sous le nom de Pasquin. Il n'y a guere que les Italiens & les François qui sachent employer la satyre avec finesse, & légéreté.

PASSAGE. La beauté n'est qu'un agrément de passage; il y a des personnes chez qui elle ne dure que dix ans, & d'autres deux tout au plus. *Silvie* a paru aux Thuileries avec tout l'éclat possible, & cet éclat n'a duré qu'un matin. Une petite vérole tout à fait incivile est venue sur le champ dérober ses plaisirs & sa beauté.

PASSER. La vie la plus longue est si courte, qu'on ne voit ce monde qu'en passant.

Le souvenir du temps passé est quelque chose de cruel pour une femme qui a eu des charmes & des adorateurs, & qui n'a plus que des rides & des années.

PASSE-PAR-TOUT. Nom qui convient à merveille aux curieux, & aux importuns.

PASSE-TEMPS. Celui des gens à la mode n'est que bagatelle, & ridiculité.

PASSION. Mouvement intérieur qui nous porte à quelque chose, & le grand mobile de presque tous les événements. Les passions peuvent être bonnes, ou mauvaises, selon l'usage qu'on en fait.

PASSION. Souvent ce mot se prend pour amour, & en ce sens on dit une belle, ou une vilaine passion, suivant les qualités de la personne dont on parle. La passion prise pour l'amour, n'en vouloit autrefois qu'au cœur; mais maintenant elle n'est pas si désintéressée.

PASSIONNER. Les maladies de plusieurs filles viennent souvent de ce qu'elles sont passionnées pour quelqu'un sans oser le déclarer. On se passionne ordinairement pour un je ne sais quoi, qu'on ne peut définir.

PASTEL. Le visage de toutes les femmes fardées, de sorte qu'en aimant leur beauté, on n'aime qu'une peinture au crayon.

PASTILLE. Composition de choses odoriférantes. On en fait qui se mangent pour rendre l'haleine suave, & qui se brûlent pour parfumer les appartements.

PATÉ. Mets qui se soutient, & qui se soutiendra malgré les révolutions des modes, quoiqu'il soit aujourd'hui beaucoup moins en usage qu'autrefois. Le pâté de Périgord est le seul qu'il soit permis de nommer dans un Dictionnaire, comme le pâté de la très-bonne société.

PATE D'AMANDES. Il est étonnant combien les personnes du bon ton en dépensent, pour se nétoyer les mains. *Lucas*, l'agréable *Lucas*, dîne à la gargote très-exactement, afin de prendre sur ses repas de quoi se pâter les mains.

PATE. On dit maintenant aller à pate, au lieu de dire aller à pieds, lorsqu'on converse sur le ton familier & badin.

PATELIN. Rôle qui ne convient qu'aux parasites, & à ceux qui ont envie de tromper. Le patelinage suppose un esprit fourbe, ou pusillanime.

PATHÉTIQUE. Ce qui remue les paſſions, & ce qui doit engager un Orateur à prendre ce ton, autant qu'il eſt poſſible. Il n'y a point de diſcours plus pathétique ſur la mort, que les dernieres paroles d'un mourant.

PATIENCE. Vertu qui nous fait ſupporter ſans murmure les revers, & les contre-temps.

   Ce n'eſt pas que la patience
     Ne ſoit une vertu des Dames de Paris;
Mais par un long uſage, elles ont la ſcience
De la faire exercer par leurs propres maris.

PATIENT. Il faut qu'un ſage ſoit aujourd'hui bien patient, pour ne pas éclater à la vue des ridicules, & des extravagances qui compoſent nombre de ſociétés.

PATINS. Chauſſures particulieres dont les Hollandois ſe ſervent pour patiner ſur la glace. Ce divertiſſement eſt maintenant de tous les pays, de sorte qu'il n'y a guere d'endroit où l'on ne patine.

PATISSIER. On connoît certaines villes dans le Royaume, où il y a nombre de traiteurs, & de pâtissiers fort à leur aise, & quelques Libraires qui meurent de faim.

PATOIS. Langage corrompu, & qui n'est en usage que dans quelque canton particulier. Le patois Breton est le plus difficile, comme le Languedocien est le plus agréable. Ainsi le Piémontois est le patois le plus ridicule d'Italie, & le Venitien le plus charmant.

PATRIMOINE. Il y a des gens qui pensent que le bien des sots, est le patrimoine des gens d'esprit, & qui en conséquence s'arrangent. *Olibius* ne jouit de vingt mille livres de rente que parce qu'il a fait les affaires de quelques Grands pleins de candeur, & de bonne foi. Ils s'en rapportoient entiérement à lui, &

il croyoit devoir par reconnoissance les dupper, & les appauvrir.

PATRIOTE. Mot qui se trouve dans la bouche de tout le monde, au bout de la plume de tous les Ecrivains du temps, & dans le cœur du plus petit nombre : tous ceux qui parlent ou qui écrivent contre la Religion ne sont ni citoyens, ni patriotes.

PATRON. Saint dont on porte le nom, & qu'on ne connoît souvent, que par les bouquets qu'on reçoit au jour de sa fête. On appelle aussi patron un protecteur, mais c'est un être rare à l'égard de ceux qui ont du mérite.

PATRON. Ou modelle dont les femmes se servent pour broder, ou pour tailler quelqu'étoffe. Ces sortes de patrons sont ordinairement en papier, & il n'y a point de couturière, & de marchande de modes, qui n'en ait de toutes les espèces.

PATROUILLE. Il n'y a point de ville qui ne dut avoir une patrouille bourgeoise pendant la nuit, & surtout en France où l'impétuosité de la jeunesse cause bien des désordres.

PATURE. Les hommes d'imagination veulent toujours quelque pâture pour leur esprit, & c'est par cette raison qu'ils sont assez communément avides de nouvelles.

PAVÉ. Paris est rempli de batteurs de pavé, qui ne se levent que pour aller sans savoir où ils vont, dont l'existence n'est utile ni à eux-mêmes, ni à l'Etat, & qui crient néanmoins du matin au soir contre les Prêtres, & contre les Moines, en les accusant d'être à charge à la patrie.

PAVILLON. Les lits en pavillon ont pris la place des lits à tombeau, & cette mode a été sagement imaginée.

PAUME. Le seul jeu d'exercice

qui se soutient encore parmi quelques Seigneurs.

PAVOT. Rien de meilleur pour endormir, si ce n'est les ouvrages & la conversation de *Mevius*, qu'on peut regarder comme un remede assuré contre toutes les insomnies.

PAUPIERE. Ce qui couvre l'œil, & le défend contre les injures de l'air, & celles des insectes voltigeans.

Sa bouche de l'enfance avoit tout l'agrément,
Et ses yeux qu'adoucit une brune paupiere,
 Plus bleus, que n'est le firmament
 Avoient aussi plus de lumiere.

PAUVRE. Nom déshonorant, & qui fait perdre aux yeux du public toute espece de considération. Il y a une très grande différence entre un pauvre homme, & un homme pauvre. Un riche est souvent un pauvre homme, & un homme pauvre n'est pas toujours un pauvre homme. *Le Tasse*, *Malherbe*, & je ne sais combien d'autres Ecrivains célebres sont morts pauvres, ce qui doit consoler les personnes de mérite, qui vivent dans l'indigence.

PAUVRE EN ESPRIT, dont parle l'Evangile, ne doit pas se confondre avec pauvre d'esprit. Celui-ci est un imbécille, & l'autre est un homme dont le cœur est absolument détaché des biens de ce monde.

PAUVRETÉS, autrement inepties. Les brochures du temps sont souvent remplies de pauvretés. Il faudroit en lire cinquante, avant que d'en trouver une qui valût la peine d'être lue.

PÉCADILLE. Mot qui vient de l'Espagnol, & qui signifie faute légere. On prend souvent pour pécadille ce qui est un très-gros péché, depuis qu'on est à soi-même son casuiste, & sa propre loi.

PÊCHE. Cet exercice qui fut jadis un divertiffement très-agréable, n'eft plus connu que des défœuvrés qui en font leur paffe-temps.

PÊCHE. Le meilleur fruit qui foit en Europe. Les plus excellentes pêches du monde fe mangent à Paris.

PÉCHER. On dit d'un mauvais ouvrage qu'il peche ou contre les mœurs, ou contre le bon fens ; ou contre les regles de l'art, ou contre la vraifemblance, & il y a des ouvrages de ces derniers temps qui ont tout à la fois ces belles qualités.

PÉCULAT. Vol qu'on fait des deniers du Roi, & du fifc. Ne jugeons perfonne ; mais que de gens qui brillent dans le monde, qui font coupables de ce vol, & qui ne s'en accuferont pas même à confeffe !

PÉDANT. Nom de mépris qu'on donne à ceux qui prennent un air de suffisance, un ton décisif, qui font parade d'une vaine érudition, & qui citent sans cesse.

> Que la science est raboteuse
> Dans les discours de ces Pédants ;
> Si j'en dis tout ce qu'il me semble,
> Ce sont de doctes ignorants.

PÉDANTERIE. Faux orgueil qui se glisse dans les écrits, comme dans les discours, & qui rend un ouvrage aussi ridicule, qu'ennuyeux.

PEIGNER. C'est un grand mérite d'être peigné de maniere qu'un cheveu ne passe pas l'autre, & d'en connoître le prix.

PEIGNOIR. Espece de mantelet, ou de demie robe de chambre de toile fine & blanche, dont on se couvre les épaules lorsqu'on se fait poudrer, & que les femmes portent le matin dans leur premier déshabillé.

PEINDRE. Il n'y a personne de

plus habile dans l'art de peindre, qu'une femme coquette. Elle se peint les cheveux, les sourcils, les joues, & quelquefois le sein, de maniere à donner un air de vraisemblance à ce qui n'est que mensonge & fard.

PEINE. Mot qui signifie chagrin, punition, ou travail. La vie n'est qu'une succession de peines. Le Ciel tôt ou tard fait payer la peine du crime à celui qui en est l'auteur. Ce qu'il y a de mieux écrit dans un livre, est ordinairement ce qui a coûté le moins de peine.

PEINTRE. Artiste qui pour réussir, doit savoir imaginer, & varier.

Un Peintre est méprisé quand son foible génie
Toujours se rencontrant dans ses divers tableaux,
Ne peut à ses desseins, donner des jours nouveaux.

PEINTURE. Ce mot se dit au figuré, comme, la peinture du vice,

& de la vertu, & ce font les Poëtes & les Orateurs, qui favent peindre en ce genre.

PELOTE. Petit meuble de toilette deftiné à mettre des épingles, & qu'on appelle grimace en plufieurs endroits. Les Religieufes excellent dans l'art de faire ces fortes de pelotes dont les plus belles font de quatre velours différents, avec des galons ou des dentelles d'or.

PELOTER. Terme ufité parmi ceux qui jouent à la paume. On s'amufe à peloter, quand on n'eft pas habile joueur.

PELOTON. Petite boule de fil, de laine, ou de foie dont les femmes ont toujours befoin, & qu'on trouve par douzaines dans leurs tiroirs.

PELUCHE. Efpece de panne à grand poil propre à faire des doublures. Les peluches de foie ont un air diftingué, celles de laine un air très commun.   PE-

PÉNATES. Mot qu'on emploie en poésie, & dans la conversation pour dire son chez soi.

PENDANTS D'OREILLES. On a laissé ce mot pour prendre celui de boucles d'oreille, & il faut avouer qu'il est plus noble.

PENDANT. Terme qui exprime la durée.

> Pendant une aimable jeunesse,
> On n'est bon qu'à se divertir,
> Et quand le bel âge nous laisse,
> On n'est bon qu'à se convertir.

PENDELOQUES. Morceaux de cristal taillés en poire, & qui servent à l'ornement des lustres.

PENDULE. Maniere d'horloge que la dorure & l'enjolivement rendent propre à décorer les plus beaux appartements. Ce meuble autant utile, qu'agréable est devenu fort commun. Il fut imaginé en 1657, par Huygens Mathématicien Hollandois.

PÉNÉTRANT. L'esprit pénétrant, c'est-à-dire, le lot du très petit nombre.

PENITENCE. C'est une grande pénitence de lire les ouvrages de *Gnaton*, cet Ecrivain bourfoufflé qui n'a que des épithetes & des fophifmes, & qui vient dire gravement à l'Univers des chofes qui furent dites & redites il y a plufieurs fiecles, en fe donnant pour un homme extraordinaire.

PENSÉE. On a tant penfé depuis que le monde exifte, qu'on ne penfe plus rien de nouveau.

> Dans le recueil de vos penfées
> Que votre main a ramaffées,
> Vous en ufez modeftement,
> Vous citez les penfers des autres,
> Sans avoir rien tiré des vôtre.
> Que vous avez de jugement !

PENSER. C'est préfentement un air, une mode, un ton de parler,

& d'écrire avant d'avoir pensé.

PENSION. On assiege souvent les Ministres pour obtenir des pensions, en disant qu'on a mangé son bien au service du Roi, tandis qu'on l'a dissipé en jeux, en folies, & en toutes sortes d'excès.

PEPINIERE. Il n'y en a plus que d'arbres.

PERDRE. Il y a des gens qui ne se levent que pour perdre, comme d'autres que pour gagner. *Silien*, quelque précaution qu'il prenne, quelque combinaison qu'il imagine, finit toujours son jeu par payer, & plus il paie, & plus il veut jouer.

PERDRIX. On n'en voit de rouges qu'en France, & les meilleures sont celles d'un petit pays en Anjou, nommé le Craonois.

PERE. Celui qui a engendré.

Je veux seulement par maniere d'acquit,
Tâcher à vous faire comprendre,

Qu'il n'eſt pas toujours ſûr qu'on ait l'heur
de deſcendre
Du pere que la mere dit.

Il eſt maintenant hors de mode d'obéir à ſes parents, & de les aimer. *Lopin* croit ſe faire honneur en diſant à qui veut l'entendre, que ſon pere eſt éternel, tandis que tous ſes voiſins ont le bonheur d'être orphelins. *Lopin* eſt un monſtre que dans tous les ſiecles on eût abhorré, & qu'on écoute dans celui-ci.

PERE. Titre qu'on donne aux Religieux, & qui leur déplait, tandis que les Prêtres de l'Oratoire, les ſeules gens de Communauté, qui devroient s'appeller Meſſieurs, prennent volontiers le nom de Peres, quel contraſte !

PERFECTION. Ce qu'on ne rencontre preſque jamais ni dans la conduite des perſonnes, ni dans les ouvrages. Il ſemble que la nature &

l'art prennent plaisir à laisser quelques traces qui annoncent le néant des choses temporelles, telles qu'elles puissent être.

PERFIDE. Epithete que les femmes emploient souvent pour désigner ceux qui ne les courtoisent pas comme elles voudroient. Les agréables parleuses, disent un tour perfide pour exprimer une plaisanterie, comme un temps perfide pour caractériser un temps pluvieux.

PERFIDIE. Il n'y a pas de coin sur la terre, où l'on n'en trouve des vestiges. *Larin* s'avance, il vous embrasse, il vous comble d'amitiés, & il va travailler à vous ruiner s'il peut, ou à vous calomnier de la maniere la plus atroce.

PERIL. L'innocence de toute fille qui fréquente les spectacles est en péril, le théatre étant l'école de l'intrigue, & de la galanterie.

PERIODE. Depuis qu'on ne travaille qu'à arranger des périodes, la véritable éloquence en souffre, & les livres n'ont qu'un ftyle empoulé.

PÉRIODIQUE. On appelle feuilles périodiques, des obfervations qu'on donne toutes les femaines, ou tous les mois fur les ouvrages qui paroiffent, & qui font d'une grande utilité, quand celui qui les fait, a le rare avantage d'écrire impartialement.

PERIPATETICIENS. Philofophes ainfi nommés parce qu'ils fe promenoient en enfeignant, & qui étoient les Difciples d'Ariftote. La fecte Péripatéticienne eft venue jufqu'à Defcartes, mais elle n'a pu aller plus loin ; ce grand homme, ainfi que Newton qui parut quelque temps après, ayant détruit toute l'ancienne philofophie.

PERIPHRASES, ou circonlocutions. La langue Françoife toute précife qu'elle eft, feroit bien plus énergique, si elle avoit un seul mot propre à exprimer chaque chose. On lui a rendu un mauvais service, en la dépouillant de je ne sais combien de diminutifs dont elle fut autrefois en possession. Les Italiens mieux avisés que nous, n'ont pas donné dans cet écart.

PERIR. Une jolie femme qui voyage, ne manquera jamais de crier, au moindre cahos, qu'elle va périr. Elle pourroit cependant s'en dispenser, d'autant mieux que ces propos ont été si souvent dits & redits, qu'il n'y a plus de gloire à les répéter.

PERLE. Sorte de pierre précieuse qu'on pêche aux Indes dans de certaines saisons, & dont les femmes se font des bracelets & des colliers, quoique les perles depuis quelque temps aient cédé la place aux diamants, & la raison est qu'on imite les perles si parfaitement qu'on a peine à distinguer les fausses, de celles qui sont vraies.

GRIS de PERLE. Couleur qui se soutient comme étant de tous les âges.

PERLÉ On appelle bouillon perlé un bouillon qui a des yeux, ou qu'on a coupé avec du lait.

PERMETTRE & PERMETTEZ. Mots qui se trouvent dans tous les compliments, & qu'on prend pour ce qu'ils sont.

PERMIS. On se croit tout permis, quand on a vingt ans, quelques Louis dans sa poche, & des parements rouges ou bleus. C'est alors que le sacré n'est pas plus épargné que le profane, & qu'on méprise tout ce qui mérite du respect.

Mais c'est un jeune fou qui se croit tout per-
    mis,
Et qui pour un bon mot va perdre vingt amis.

PERNICIEUX. La jeuneſſe fait preſque toujours ſa ſociété de ce que le monde a de plus pernicieux, ſoit dans la maniere de penſer, ſoit dans celle d'agir. Les étourdis ſe recherchent ainſi que les fripons.

PERORAISON, ou concluſion d'un diſcours. Les peroraiſons ne ſont plus uſitées comme autrefois. Les Orateurs finiſſent aſſez bruſquement leurs harangues, ou leurs ſermons.

PERPETUER. Rien ne ſe perpétue dans le monde, comme les vices & les maux.

PERPLEXITÉ. L'état des indécis, & des inquiets. Les perplexités n'aboutiſſent ordinairement qu'à tourmenter l'eſprit.

PERQUISITION. On fait toutes ſortes de perquiſitions pour découvrir les malfaiteurs, & l'on fait très-bien; mais ne verra-t-on jamais un temps où l'on recherchera les hommes de mérite, afin de les secourir s'ils sont dans le besoin ? Que *Damis* creve de faim malgré les excellents ouvrages qu'il a donnés ; qu'il n'ait ni bois pour se chauffer, ni vêtement pour se couvrir, *Glarus*, l'impitoyable *Glarus*, qui ne voit l'or que par monceaux, le laissera périr, & peut-être s'en applaudira.

PERROQUET. Oiseau qui vient des Indes, qui articule des mots, & qui est la ressource des gens oisifs. C'est une bonne fortune pour certains élégants d'aller chez quelque vieille Comtesse agacer le perroquet, & lui apprendre à jaser. Les hommes d'étude ne s'accommodent ni des singes, ni des perroquets.

PERRUQUE. Chevelure postiche qui n'a cessé de varier, depuis qu'elle est en usage parmi les Européens. Les perruques du siecle dernier avoient une immensité qui couvroit au moins la moitié du corps ; celles de ce temps-ci ont un air beaucoup plus élégant. On les porte à bourſe juſqu'à l'âge de quatre-vingt ans, ce qu'on eût pris autrefois pour une vraie maſcarade. La perruque chez les Abbés poupins, eſt le chef-d'œuvre de leur parure, & de leur mondanité. Il y a des femmes qui portent perruque, mais ſi elles ſont bien conſeillées, elles ſe coëfferont en dévotes, & s'en tiendront là. On ſe rend ridicule en voulant réparer les défauts de la nature, par une affectation trop marquée.

PERRUQUIER. Rôle important dans Paris, quand on a l'honneur d'accommoder les perſonnages élégants, & de devenir leur confident.

PERSECUTION. (Qu'on prononce comme s'il y avoit un z, quand on parle mal.) Le fruit de la haine, ou de l'envie; & que les gens de mérite ne manquent preſque jamais d'éprouver. Il n'y a que les ſots qu'on ne s'avise guere de persécuter.

PERSEVERANCE. On manque souvent sa fortune, parce qu'on se lasse de persévérer. L'instant où l'on se retire, est celui où l'on auroit gagné. De là vient que les personnes qui changent continuellement de projets, ou d'état, ne viennent presque jamais à bout de réussir. *Glicere* a passé par tous les emplois; Moine, Soldat, Avocat, Marchand, Médecin, Mültotier, il a parcouru en six ans la vie de six personnes différentes, & maintenant il n'est rien, & n'a rien, parce qu'il a voulu tout être, & tout avoir.

PERSIFFLAGE. Terme nouveau qui s'est introduit dans Paris, & dans les provinces depuis quelques années; on persiffle lorsqu'on fait un compliment ironique, ou lorsqu'on badine sans trop savoir ce qu'on dit. C'est un mérite auprès de toutes les femmes futiles, que d'être un agréable persiffleur. Cela les impatiente par fois, mais c'est une petite comédie qui les amuse, sur-tout lorsqu'elles ne sont pas l'objet du persifflage, quoique de la part d'un jeune homme qui a de l'esprit & de la figure, tout est presque toujours bien reçu.

PERSILLÉ. Il y a des femmes qui à l'imitation de certains fromages, ont le visage persillé ; mais à l'aide d'un épais vermillon, on trouve moyen de faire garder à la laideur même l'incognito.

PERSILLADE. Espece de salade faite avec des tranches de bœuf, & de persil, & le soupé quotidien d'une multitude de ménages dans Paris.

PERSONNAGES. Il y en a d'illustres, comme il y en a de plaisants, & ensuite de sots qu'on peut comparer à des personnages de tapisserie.

PERSONNAGE. Terme de comédie, & qui sert à désigner celui ou celle qui fait un rôle.

PERSONNALISER. Fiction par laquelle on donne de la vie, & de la raison à tout ce qui est inanimé; la poésie excelle dans cet art.

PERSONNE. On n'entend que dire de toutes parts, est ce une belle, est-ce une jolie personne ? D'où l'on peut conclure que le mérite parmi nous, ne marche qu'après la beauté.

PERSONNALITÉS. Elles sont toujours odieuses, & tout Censeur qui écrit, à moins qu'il ne soit méchant, & même scélerat, ne peut les reprocher à ceux dont il critique les ouvrages.

PERSPECTIVE. La plupart des hommes qui ont le plus de réputation, sont comme les perspectives. Ils perdent lorsqu'on les voit de trop près.

PERSUASION. Il n'y a pas un plus bel art que celui de persuader, mais qu'il est dangereux quand on s'en sert pour tromper !

PERTE. La perte de l'ame n'est comptée pour rien, & celle du corps est regardée comme le plus grand des maux.

PERTURBATEUR. Nom qui convient à tout homme qui écrit ou parle contre le gouvernement, & la Religion, & qui doit être en horreur à tous ceux qui ont de la probité.

PERVERTIR. On compte maintenant au nombre des victoires la honte d'avoir perverti ses parents, ses amis, ses voisins. *Jemor* écrit depuis plus de trente ans, & ses écrits n'ont pour objet que d'éteindre la Religion dans le cœur de tous ceux qui le liront, comme s'il y avoit de quoi triompher lorsqu'on a ôté aux hommes la consolation d'espérer dans un Dieu remunérateur; & l'avantage de pratiquer la vertu. Les grands pervertissent les petits par leurs exemples, lorsqu'ils ont été eux-mêmes pervertis par les flateurs, & par les courtisans.

PESANT. Il n'y a pas un rôle plus ridicule que celui d'un esprit pesant qui affecte de la légéreté.

PESER. Si l'on pesoit les actions de la plupart des hommes, on n'y trouveroit souvent que de l'amour propre, & de l'intérêt.

PESTE. Les mauvais livres sont autant de marchandises empestées, dont on ne peut trop empêcher le débit; mais c'est aujourd'hui un titre qui rend un ouvrage piquant, & qui le fait rechercher avec la plus grande avidité. Si le livre de *Lidas* ne favorisoit pas l'incrédulité, qui est-ce qui le préconiseroit ? qui est-ce qui le liroit ? Mais il contient un chapitre conforme à la nouvelle philosophie, & on se l'arrache, & on le vend dix fois plus qu'il ne vaut.

PETILLANT. L'esprit qui pétille est souvent le plus faux, comme le vin de Champagne qui mousse est le plus verd. Mais le siecle s'en accommode, au point qu'on est du vieux temps si l'on s'en plaint.

PETILLER. On dit à tort que les yeux des gens d'esprit pétillent comme le feu. Descartes les avoit presque éteints.

PETIT. Tout ce qui est petit est joli, & voilà pourquoi tant d'enfants qu'on trouve charmants, paroissent s'enlaidir à mesure qu'ils croissent. On ne doit jamais dire un petit Prince quand même il seroit naissant, mais un jeune Prince, de même qu'on dit un jeune Roi.

PETITS. Nom que les hommes riches, ou puissants, donnent à d'autres hommes qui leur ressemblent en tout point, mais qui n'ont ni leur force, ni leurs biens, ni leur vanité.

PETITESSES. Le monde en est rempli, & souvent il y en a plus parmi les Grands mêmes, que parmi les petits.

PETRIFICATION. Le bois, l'eau, les coquillages, les fruits se pétrifient, & *Flaris* s'est pétrifié lui-même en ne s'occupant qu'à contempler ces objets.

PETULANCE. Ce qui se rencontre par-tout où l'on trouve des jeunes gens.

PEUPLE. Une des portions les plus précieuses de l'Etat, & qu'on ne peut mépriser, sans se rendre digne soi-même de tout mépris. Le peuple de Paris est aussi bon, que celui de Londres est méchant.

PEUR. On a souvent peur de son ombre, & l'on ne craint pas Dieu.

PEUREUX. Quatre especes dans le monde à qui cette épithete convient; les lievres, les dains, les femmes, & les poltrons.

PHAETON. Espece de cabriolet que sa légéreté rend élégant, & qui semble fait pour voltiger dans les airs, comme le char du soleil. Le charmant *Lucippe* court à toute bride dans son délicieux phaëton, & l'on n'apperçoit que des nuages de poussiere, & des étincelles.

PHARMACIE. Les équivoques de pharmacie tuent de temps en temps des personnes qui ne s'attendoient pas à mourir, mais heureusement pour les Apothicaires, les morts sont discrets.

PHASES. Les femmes n'ont pas moins de phases que la lune, lorsqu'on examine la variété de leur visage & de leur humeur.

PHEBUS. Langage inintelligible, à force d'être boursoufflé, & qu'on prend aujourd'hui pour de l'éloquence, & pour de la raison.

PHENIX. Oiseau aussi fabuleux, qu'un ami sans défauts.

PHÉNOMENES. On applique ce terme aux évênements surprenants & extraordinaires.

PHILOSOPHE. Ce n'est plus un homme qui aime la sagesse, & qui s'en occupe, mais un homme qui se moque des sages, & qui met la vérité même au rang des chimeres. Ainsi l'on doit bien distinguer les philosophes anciens, des philosophes modernes. Ceux-ci ne portent le nom de philosophes que parce qu'ils l'ont usurpé, ou que parce qu'ils en ont été qualifiés par dérision.

PHILOSOPHE. Homme qui méprise les richesses, & les honneurs, & conséquemment homme très-heureux pourvu que la vanité ne soit pas le principe de sa sagesse.

PHILOSOPHER, ou raisonner sur le monde physique & moral. Occupation digne d'un Etre qui pense, & cependant si rare qu'on trouve à peine dans chaque ville six personnes qui se livrent à ces réflexions. On oublie les merveilles de l'Univers, pour se concentrer dans la sphere des plaisirs, ou des besoins.

PHILOSOPHIE. Etude de la sagesse & de la vérité, qui rendit Mallebranche le héros de la métaphysique & de la morale, comme Newton celui de la physique. La philosophie disputeuse n'est qu'un ergotisme qu'on laisse subsister dans les écoles pour exercer les esprits ; & qui n'apprend guere que des axiomes & des distinctions.

PHILOSOPHIQUE. Nom qu'on donne très-improprement à certains ouvrages qui attaquent la Religion, & qui blessent les droits de la société, comme si l'on participoit à la philosophie, lorsqu'on enseigne des impiétés & des paradoxes. *Glantrus*, plein de lui-même & de ses livres, croit avoir mis l'univers à ses pieds, parce qu'il a gravement publié d'un ton d'enthousiaste & d'illuminé, que l'homme tel que la bête étoit né pour marcher à quatre pattes, & pour habiter les forêts ; & ce qu'il y a de plus étrange, c'est qu'on révere ces absurdités, comme un langage tout célefte.

PHILTRER. On peut dire que la Méthaphyfique philtre les efprits, comme la Chymie les corps.

PHYSIONOMIE. L'air du visage qui plaît ou déplaît selon que l'on eft affecté. Une belle phyfionomie ne dénote pas toujours une belle ame, & rarement elle se trouve avec beaucoup d'efprit. *Adrienne* eft la plus belle perfonne qu'on ait vue ; plus on la contemple, & plus on l'admire, mais à peine fait-elle qu'elle exifte, & peut-elle prononcer quelques mots.

PHYSIONOMISTE. Celui qui juge du caractere des perfonnes à la feule infpection de leur vifage, & qui risque en conséquence de se tromper fréquemment, quoiqu'on puisse assurer, que des yeux plus ou moins ardents, qu'un front plus ou moins étroit, qu'un nez plus ou moins élevé, marquent des différences dans l'esprit des hommes comme dans leur humeur.

PHYSIQUE. La nature a tant de secrets dont elle est jalouse, & qu'elle réserve en elle-même, qu'on peut dire des plus grands hommes qui l'étudient, qu'ils ne sont jamais que des demi physiciens. Aristote croyoit avoir démontré, Descartes ne le croyoit pas moins, & Newton leur fait voir qu'ils se trompoient, jusqu'à ce qu'il en vienne un autre qui s'éleve sur les ruines du philosophe Anglois.

PHLEGME. Le fondement de la vraie politique, & que les Espagnols connoissent mieux que toute autre nation.

PHOSPHORE. C'est-à-dire, à parler exactement, le bel esprit du temps, qui s'éteint presqu'aussi-tôt qu'il brille, & qui n'a de lumiere qu'à la faveur de la nuit.

PHRASES. Le plus grand mérite de presque tous les ouvrages à la mode, si c'en est un, est d'entasser épithetes sur épithetes, & de couper le style à tout moment par des jeux de mots.

Tel du style souvent croit avoir l'élégance,
Et savoir bien parler, qui pour toute science,
D'une phrase à la mode, & d'un terme élé-
    gant
Sait orner un discours par-tout ailleurs ram-
    pant.

Il n'y a pas aujourd'hui de plus sûr moyen d'éblouir un lecteur, que de l'amuser par des expressions mignardes, & par des termes affectés. *Lucinde* se passionne pour un livre qui paroît, elle en prend hautement le parti, & ne cesse d'en vanter l'excellence & les beautés, non parce qu'elle sait juger d'un ouvrage, mais parce qu'elle a trouvé des phrases qui flattent son goût pour la frivolité.

PIEGRIECHE. Oiseau plus gros qu'une grive qui a un cri fâcheux, & qui est le symbole de ces femmes hargneuses qu'on ne trouve que trop souvent dans la société.

PIEDESTAL. La véritable grandeur n'a point d'autre piedestal que la vertu. Les intrigues & les bassesses n'élevent que les ames de boue. Plutôt n'être rien, que d'être quelque chose par le moyen de la souplesse & de la ruse.

PIECES. La plupart des ouvrages modernes sont de tant de pieces rapportées, que l'homme qui a lu ne voit à chaque page que des rognures & des retailles.

PIECE, autrement comédie, ou

tragédie. Le théatre François excelle en bonnes pieces, mais la fureur qu'on a de s'éloigner du naturel, en tarira bientôt la source.

PIEGE. Les hommes se tendent mutuellement des pieges, & ce sont presque toujours les plus défiants qui y sont pris.

PIERRE PHILOSOPHALE. Chose qui n'a de réel que le nom, que la cupidité rendit célebre dans tous les temps, & qu'on ne cherche, qu'autant qu'on est fou. L'histoire de la pierre philosophale est celle des revenants, dont tout le monde parle, & qu'on n'a jamais vue.

PIERRERIES. Les diamants l'emportent aujourd'hui sur toutes les pierres de couleur : ce sont les femmes de la plus haute qualité, qui en ont le moins. *Orise* paroît aux spectacles, aux boulevarts, éblouit tous les yeux par l'éclat de ses boucles d'oreille, de ses colliers, & de ſes bracelets ; on la ſalue juſqu'à terre, on la contemple, & l'on voudroit retenir ſes ſaluts quand on apprend qu'*Oriſe* eſt la plus petite perſonne du Royaume, qu'un inſtant d'amour a rendu l'épouſe d'un homme qui a gagné des millions, par des tours de paſſe paſſe qu'on nomme induſtrie, & qu'on appelleroit autrement, ſi l'on ſe donnoit la peine de l'examen.

PIÉTÉ. Elle eſt à la campagne, elle eſt à la ville, elle eſt dans les cloîtres, elle eſt au milieu du monde, mais en très-petite quantité. Plus les ſiecles ſe multiplient, plus elle diminue.

PIEUX. On peut croire que toute perſonne qui paroît pieuſe l'eſt réellement, puiſqu'on ne gagne aujourd'hui que des ridicules, en faiſant voir de la piété.

PILOTE. La raiſon étoit autrefois le pilote des hommes, & maintenant c'eſt l'ambition, c'eſt la frivolité qui les conduit.

PILLARDS. Il y en eut, il y en a, & il y en aura toujours.

PILULES. Les poudres, & les pilules enrichirent bien des Médecins, & ruinerent bien des eſtomacs; c'eſt le ſecret de la médecine, & qu'on met en vogue ſelon qu'on choiſit bien ſon temps, & qu'on eſt ſoi-même à la mode.

PIMPANT. Ce mot a vieilli, & néanmoins on s'en ſert pour déſigner les airs de *Glaſile*, cette jeune & magnifique veuve qui ſe réjouit aux dépens d'un mari qu'elle vient de faire enterrer, & qu'elle n'avoit pris que pour ſe procurer les moyens d'étaler de l'impertinence, & du faſte.

PINACLE. On dit qu'une perſonne eſt ſur le pinacle lorſqu'elle eſt au faîte des honneurs. Mais ce pinacle n'eſt ſouvent qu'une girouette par ſa mobilité.

PINCEAU. Parmi les Peintres comme parmi les Poëtes & les Orateurs, il n'y a pas deux pinceaux qui se ressemblent. Chacun a sa touche & son expression, & chacun est reconnu pour ce qu'il est par les connoisseurs.

PINCETTES. Si chacun avoit ses pincettes comme son écran, bientôt l'on finiroit par se battre, & il n'y auroit plus de feu.

PINCETTE. Petit instrument qui sert à arracher la barbe, & dont certaines femmes font usage à la sourdine, comme en ayant réellement besoin.

PINÇON. Petit oiseau qui chante en hiver comme en été, & qu'on dit être par cette raison le symbole des gens gais.

J'aime les Rossignols, les Verdiers, les Pinçons,
Je chante pour leur plaire, & j'en prends les leçons.

PINDARISER. C'eſt parler d'une maniere affectée, & c'eſt prendre le ton de tous les petits-maîtres qui n'ont rien de naturel que la fatuité.

PINTADE. Eſpece de poule qui vient des Indes, & qui fait autant de bruit dans une maiſon, qu'une Tourriere dans un Couvent.

PINTE. Meſure qui contient deux chopines, & qui eſt plus grande à Saint Denis, que par tout ailleurs.

> Pauvres amants dont l'ame atteinte
> Gémit de n'être pas aimés de vos Cloris,
> Pour moi je ſouffre de voir que ma pinte
> N'égale pas celle de Saint Denis.

PIPE. Petit tuyau de terre cuite dont on ſe ſert pour fumer, & dont la plupart des habitants du monde ſe font un paſſe-temps & un remede contre l'ennui. Les Hollandois & les Turcs ont toujours la pipe à la bouche, & ne ceſſent de s'écrier :

> Doux charmes de la solitude,
> Charmante pipe, ardent fourneau,
> Qui purge d'humeur le cerveau,
> Et notre esprit d'inquiétude.

PIPEUR. Le monde est rempli de gens qui pipent au jeu, & il s'en trouve jusque dans les meilleures sociétés. *Milene* gagne tout ce qu'il veut au pharaon, à la duppe, au lansquenet ; & la chose est-elle étonnante, puisque *Milene* a la subtilité de se donner toutes les cartes qui le rendent triomphant.

PIQUANT. Rien ne dénote un mauvais caractere, comme le plaisir de dire aux autres quelque chose de piquant. On appelle une beauté piquante, une femme dont le visage est aussi régulier, qu'animé.

PIQUER. Terme de rôtisseur qui signifie larder. Le gibier en France est si délicatement piqué, qu'il paroît plutôt avoir été brodé.

PIQUER. Faire avec l'éguille plufieurs petits points, & c'eſt en ce fens qu'on dit un juppon, un bonnet piqué.

SE PIQUER. Il eſt de la nature des étourdis comme des ſots de ſe piquer ſouvent fans en avoir un juſte motif. *Alaric* prend un badinage au tragique, éclate de fureur contre ſon ami, jure qu'il va tout ſaccager, & finit par ſe faire tenir à quatre, dans la crainte d'être obligé de ſoutenir un défi.

PIQUET. Jeu de cartes qui porte le nom de ſon inventeur, & qui ſe ſoutiendra dans tous les pays, & dans tous les temps, comme le plus excellent des jeux, malgré la révolution des modes, & l'inconſtance des eſprits.

PIQUEUR. Homme à cheval établi pour faire chaſſer les chiens, & qu'on appelle maintenant un piqueux, fans doute parce que quelque Prince, ou quelque femme à la mode l'aura ainſi prononcé.

PIQUURE. Celle que fait l'amour devient ſouvent une dangereuſe plaie.

PIRAMIDE. Les fruits doivent ſe ſervir en piramides par-tout où l'on fait arranger un deſſert.

PIRATE. On pirate dans la littérature comme ſur les mers, c'eſt à qui pillera le mieux, & avec plus d'adreſſe.

PIROUETTE. La réponſe des petits-maîtres à tous les reproches, ou à tous les arguments qu'on peut leur faire. C'eſt un art que de ſavoir pirouetter à propos, pour ſe débarraſſer d'une objection trop urgente. Auſſi n'en manque t-on pas l'occaſion, quand on ſe trouve aux priſes avec quelque homme érudit.

PIRRONISME. La manie de douter de tout, & dont le Philoſophe Pyrron fut le premier atteint. Cette eſpece de délire qui avoit paſſé comme une maladie épidémique, s'est réveillé depuis quelque temps, & a fermenté dans quelque cerveaux creux avec une effervefcence extraordinaire, & qui tient de la folie.

PIS. Quand on prévoit quelque malheur, il faut mettre les chofes au pis, afin de s'armer d'avance contre tout ce qui peut arriver.

PISTACHE. La créme aux piftaches, (petit fruit qu'on peut comparer à l'amande,) eft un mets eftimé des friands, & qui n'a guere de goût que celui que l'imagination lui prête.

PISTOLE. Piece qui n'exifte point en France, mais dont on donne le nom à une fomme de dix livres.

PISTOLET. Les meilleurs viennent d'Angleterre, & les plus beaux font garnis en or. C'eft un luxe pour les élégants, que l'article des armes à feu. Les duelliftes fe battent au piftolet comme à l'épée, & l'avantage est le plus souvent pour celui qui tire le dernier.

PITEUX. On dit d'un homme qui se trouve dans l'infortune, qu'il est dans un piteux cas, & d'un homme exténué par le jeûne, ou par la tristesse, qu'il a une piteuse figure.

PITIÉ. Que de personnes dans l'Univers qui font pitié, quand elles se mêlent de raisonner !

PITOYABLE. C'est un pitoyable état que de n'avoir d'autre bien que le caprice, ou la bonne volonté des autres. On écrit pitoyablement quelque beau que soit le style, lorsqu'on heurte la raison & les loix.

PITUITEUX. Le tempérament des pituiteux tout incommode qu'il est, vaut encore mieux que celui des bilieux & des sanguins.

PIVOT. L'amour propre, & l'intérêt sont deux pivots sur quoi tournent presque tous les hommes. Il n'y a que les ames sublimes qui se laissent conduire par la vertu.

PLACE. Peu de personnes sont à leur place, depuis que le caprice & la cupidité décident des vocations.

PLACET. L'écrit qui se lit le moins.

PLAGIAIRE. C'est ainsi qu'on appelle un fripier de littérature, qui vole des phrases, ou des pensées par-tout où il peut. *Lirot* travaille depuis dix ans à se faire un carême, & un avent, afin d'amasser de quoi passer tranquillement ses vieux jours, & pour qu'on ne dise pas qu'il ne met rien de lui-même dans sa composition, il a grand soin de trois bons Sermons de faire un mauvais.

PLAIDER. Paris abonde de plaideuses & de plaideurs, & on les reconnoît à leur habit noir qui est toujours leur habit de saison, de même qu'à leur langage qui roule sans cesse sur les procès.

Et par-tout de plaideurs des escadrons épars
Font autour de Themis flotter leurs étendarts.

PLAIDOYER. C'est dommage que la satyre défigure la plupart des plaidoyers. On en fait des libelles, contre l'intention des Juges, au lieu d'en faire tout simplement des mémoires raisonnés.

PLAIE. L'irréligion est la plus grande plaie d'un Etat; on ne respecte ni Princes, ni Loix, lorsqu'on ne respecte plus la Divinité.

PLAINDRE. On se plaint souvent de son sort, sans penser qu'il y a des milliers de personnes qui l'envient. Nos gens voudroient être ce que nous sommes, comme nous voudrions être ce que sont nos Supérieurs.

PLAINTE. Le langage de presque toutes les femmes. Ou elles se plaignent d'un amant, ou elles se plaignent d'une migraine. Il y a toujours des douzaines de maux imaginaires qui tourmentent leur esprit, & qui aigrissent leur humeur.

PLAIRE. Les femmes ne cherchent à plaire que par leur visage, ou par leur parure, à moins qu'elles ne soient laides à faire peur. *Gnomide* connoît tous les gestes, & tous les airs qui lui attireront des hommages, & des regards. Elle sait quelle coëffure, & quel ruban lui donneront plus de gentillesse, & plus de graces, & ce savoir est le fruit d'une étude longue & réfléchie. *Gnomide* a-t-elle tort ? On ne l'éleva que pour plaire, & dès l'âge de cinq ans, elle apprit de sa mere & de sa gouvernante, toutes les minauderies qu'il falloit employer, à dessein d'en venir à bout.

SE PLAIRE. On ne se plaît que

là où le cœur est content, & ce ne sont ni les richesses, ni les honneurs qui mettent le cœur à l'aise, mais la maniere de penser.

PLAISANT. Tout petit-maître est un plaisant personnage, que la raison ne supporte, qu'autant qu'elle s'en amuse.

PLAISANTER. Peu de gens savent plaisanter, & il y a beaucoup plus à perdre qu'à gagner, lorsqu'on se livre à la plaisanterie. Cependant c'est le rôle que chacun veut jouer, sans penser qu'une badinerie ingénieuse & délicate, est la chose la plus rare.

PLAISIR. Satisfaction relative aux personnes, & qui dépend de leur goût, de leur tempérament, de leur âge, de leur situation. Il n'y a rien dans la nature, qu'on n'ait mis à contribution, pour affermir le regne du plaisir, & pour s'en rassasier; mais on est toujours sa duppe, car ou il épuife la fanté, ou il corrompt le cœur, ou il énerve l'efprit. *Thorène* que la nature avoit favorifé de tous fes dons, n'eft plus qu'une ombre de lui-même, depuis qu'il s'eft plongé dans l'amour des plaifirs : toujours inquiet, il n'exifte que d'une maniere entrecoupée, & bientôt il ne s'appercevra plus de fon exiftence que par les regrets d'avoir vécu avant d'être au milieu même de fa vie.

PLAISIR. Service qu'on rend à fon prochain, & qu'on doit oublier fi-tôt qu'on l'a rendu.

> Si Charles par fon crédit
> M'a fait un plaifir extrême ;
> J'en fuis quitte, il l'a tant dit,
> Qu'il s'en eft payé lui même.

PLATS. On n'avoit autrefois que des plats de fayance, & maintenant le plus petit bourgeois n'a que des plats d'argent.

PLAFOND. Il ne faut pour être à la mode qu'un plafond peint, ou sculpté.

PLATRER. *Clorine* plâtre son visage comme ses défauts, & elle n'a pas tort, car l'un & l'autre de ces deux objets, n'est bon qu'à cacher.

PLEIN. *Sardix* n'est plein de sa grandeur, que parce qu'il ne trouvoit en lui-même ni science, ni vertu, & qu'un tel vuide lui faisoit peur.

PLEURER. Il fut un temps où l'on pleuroit la mort de ses parents, & de ses amis, mais c'étoit une bonhommie dont on se rit aujourd'hui.

PLEURS. Les femmes depuis qu'elles se fardent, en répandent beaucoup moins. On craint de détremper le plâtre, & l'on se retient.

PLIS. Il est important pour un Peintre, de bien arranger les plis des draperies dans les tableaux.

PLIER. Ceux qui vantent leur bravoure, font toujours prêts à plier. Le cœur de *Caſſien* plie comme la lame de ſon épée, & il ne parle que de ſon courage, & que des perſonnes qu'il a tuées ou qu'il tuera.

PLOMBÉ. On ne verra parmi les jeunes gens que des viſages plombés, tant qu'on ſe hâtera de vivre comme on fait. L'extrait de Baptême de *Cliſſon* ne marque que vingt-ſix ans, & ſon viſage en dit cinquante, ainſi que ſon eſtomac.

PLONGER. Lorſqu'on s'eſt une fois plongé dans le vice, on a toute la peine du monde à s'en retirer. Il y a quinze ans que *Soronte* promet qu'il ne retombera plus, & qu'il retombe toujours.

PLUME. Quand la plume d'un Auteur commence à s'uſer, il doit s'arrêter, pour ne pas avoir la honte de survivre à sa réputation; mais l'habitude d'écrire, est souvent plus forte, que toutes les réflexions.

PLUMET. La seule marque qui reste aux gens de condition pour annoncer leur état, & dont la fatuité sait très-bien faire son profit. Petit chapeau bien retapé, plumet joliment frisé, titres plus qu'il n'en faut pour être décisif, impertinent, & même tapageur ; & souvent moyens assurés de subjuguer une veuve, & de se rendre maître de sa bourse & de son cœur.

PLUS. Il n'y a point de *plus* pour l'ambition. C'est une insatiable qui dit toujours *pas assez*.

PLUT-à-DIEU, Que la sagesse au lieu de l'opinion, devînt la Reine du monde.

POCHES. Dire qu'on connoît quelque chose comme ses poches, c'est s'exprimer d'une maniere basse, & triviale. Les Capucins ont un labyrinte de poches, en qualité de gens qui portent tout avec eux.

POCHETÉ. Ce qu'on a gardé dans sa poche, & ce que font les friands à l'égard des olives, qu'on prétend être bien meilleures quand elles ont été pochetées.

POEME. Le plus beau poëme François, est celui de la Henriáde, comme celui du Lutrin est le plus exact.

Un Poëme excellent où tout marche & se suit,
N'est pas de ces travaux qu'un caprice produit.

POESIE. On n'aime la poésie que jusqu'à un certain âge. Ceux qui auroient lu des vers jour & nuit pendant leur jeunesse, n'en liroient pas maintenant pendant une demi-heure.

POETE. On n'est bon poëte qu'autant qu'on fait imaginer & versifier.

POETIQUE. La profe moderne n'a que des phrafes poétiques, & cela n'eſt pas moins ridicule, que des vers profaïques. Chaque chofe doit conferver fa couleur, & fon naturel.

POIDS. Il fuffit qu'un Auteur foit à la mode, pour que fon témoignage ait tout le poids imaginable. Tout ce qu'il dit doit être vrai, de forte qu'on jure fur fa parole, comme fur celle d'un oracle.

POINDRE. Ce mot fe dit du jour & des herbes. Le jour commence à poindre au moment du crépufcule, & les herbes commencent à poindre au printemps.

POINT. Partie d'un Sermon qui fouvent ne prouve rien, la mode étant aujourd'hui d'abandonner les raifons, pour enchaffer des mots. Nos Sermons font comme les jeux de quilles, où l'on en compte neuf. Un Exorde, deux points, & trois sous-divisions dans chaque point.

POINT D'HONNEUR. Sentiment qui consiste à soutenir, ou à proposer un duel comme si l'on ne pouvoit pas bien se battre, & être un menteur, un fourbe, un fripon, & comme si l'on ne pouvoit pas avoir de la probité, sans avoir du courage. Un duel accepté ne réintegre point un malhonnête homme, de même qu'un duel refusé n'ôte point l'honnêteté.

C'est donc une folie de placer le point d'honneur, dans ce qui n'est souvent que fanfaronnade & fureur. La véritable gloire consiste à bien servir son Dieu, son Prince, & sa patrie, parce qu'il n'y a que la raison & la vertu qui soient en droit d'apprécier l'honneur, & de le fixer.

POINT. Passement de fil qui se fait presque toujours à l'éguille. Le point d'Alençon, est une dentelle de fil, & le point d'Espagne, une dentelle d'or, ou d'argent dont on bordoit autrefois les chapeaux, & dont la mode est passée, jusqu'au moment qu'elle reviendra.

POINTE. Terme de Religieuse, pour exprimer la partie du bandeau qui vient sur le front, & qui est un objet d'autant plus digne d'attention, qu'il décide par la maniere dont il est ajusté du bon goût de celle qui sait s'en faire un ornement.

POINTE. Jeu d'esprit sur les pensées, ou sur les mots, & assez communément la ressource des petits génies. On ne parle par pointe, que lorsqu'on n'a rien de meilleur à dire, de sorte que cela ne peut être tolérable, que lorsque cette débauche d'esprit n'arrive que très-rarement, & paroît amenée par quelque heureux hazard.

POINTILLER. L'esprit pointilleux est le fléau de la société. On ne peut trop le craindre, ni trop l'éviter.

POIS verds, ou petits pois. Légumes qu'on mange en France par vanité, lorsqu'ils n'ont point encore de goût, mais lorsqu'ils sont fort chers. C'est le plat de lentilles qu'achete Esaü.

POISON. Il n'y a point de passion qui ne porte avec elle son poison, & dont on ne doive en conséquence se défier.

POISSARDES. Femmes qui vendent du poisson, & qui se sont tellement rendues fameuses dans Paris, par leurs juremens, & par leurs expressions burlesques, qu'on se plaît à les entendre, & quelquefois même à les copier. Il n'y a que des François capables de s'amuser si singuliérement & ♣ si peu de frais.

POISSON. On donne le nom de monstres aux gros poissons, & l'on n'est digne ni d'être Prélat, ni d'être Financier, si l'on n'a sur sa table quelques-uns de ces phénonomenes de riviere, ou de mer.

POISSONNERIE. Nantes & Rouen se difputent l'honneur d'avoir la plus belle du Royaume.

POITRINE. C'eſt un air de dire qu'on a mal à la poitrine, lorſqu'elle n'eſt point affectée, de même que c'eſt un uſage de n'en pas convenir, lorſqu'on en ſouffre réellement. On prend toutes les précautions poſſibles pour ſe ruiner la poitrine, ou l'eſtomac le plutôt qu'on peut.

POLI. Les Grands quoique fiers, ſont polis, au lieu que les gens parvenus ſe croient obligés d'être impertinents.

POLICE. Celle qui s'obſerve à Paris, eſt le chef-d'œuvre de la vigilance & de la ſageſſe. Un ſeul Magiſtrat donne ſes ordres, & chacun par ſes ſoins dort en ſûreté, & ne craint ni pour ſa fortune, ni pour ſa vie.

POLICHINEL. Bouffon Italien qui joue dans les farces, & qu'on tâche de contrefaire aux marionettes. Il ne faut qu'un bon polichinel, pour égayer tout un spectacle, & pour rendre merveilleufes, les chofes les plus communes.

POLIGAMIE. Mariage d'un homme avec plufieurs femmes. Ceux qui vont aux Indes, ou à l'Amérique, font quelquefois coûtumiers du fait.

POLIR. On polit un ouvrage lorfqu'on le retouche, à moins qu'on ait une imagination qui ne foit bonne que dans le premier feu.

POLISSON. Nom qui convient à la plupart des écoliers, & que les peres & meres donnent à leurs enfants, lorfqu'on leur en fait l'éloge.

POLITESSE. L'art de fe concilier les cœurs, & la chofe la plus eftimable, lorfqu'on fait l'allier avec la fincérité. On loue tellement ceux qui ont de la politeffe ; qu'un hommé en place qui n'en a point eſt mille fois plus puni, que les perſonnes qu'il bruſque, ou qu'il ne regarde pas. *Onuphre* ne ſalue, ni ne conduit, & ſa tête toujours altiere, & ſes paroles toujours impérieuſes déconcertent tous ceux qui l'approchent. Cependant on lui fait les révérences les plus profondes, on lui parle le plus humblement qu'il eſt poſſible, mais à peine l'a-t-on quitté, qu'*Onuphre* devient le ſujet des ſatyres, & qu'on oublie toute ſa grandeur, & toutes ſes dignités pour lui donner les noms d'ours & de cheval. C'eſt la vérité qui reprend ſes droits.

POLITIQUE. Quand elle n'eſt que prudence, elle mérite les plus grands éloges, mais quand elle dégénere en aſtuce, elle eſt vraiment odieuſe & mépriſable. La poſtérité ne prend pas le change ſur cet objet. Elle fait parfaitement diſtinguer le Miniftre qui n'eut que du manege, du Miniftre qui eut de la fageffe & du favoir.

POLITIQUE. Celui qui ne dit pas ce qu'il penfe, & qui fe gouverne d'une maniere fine dans le commerce du monde. On aime mieux celui qui agit rondement, & l'on a raifon.

POLTRON. Tel qui auroit été poltron toute fa vie, eft intrépide & courageux, parce qu'il vit dans un corps, où l'on abhorre la lâcheté. L'exemple & l'éducation donnent du courage à ceux qui n'en ont pas, ou du moins affez d'amour propre, pour les faire paroître courageux. De là vient qu'il y a plus d'hommes intrépides par orgueil, que par grandeur d'ame. C'eft une lâcheté que de profiter de la poltronnerie d'une perfonne, pour l'attaquer.

> C'est pure fanfaronnerie,
> De vouloir profiter de la poltronnerie
> De ceux qu'attaque notre bras.

Presque tous les hommes seroient poltrons, s'ils ne redoutoient pas le qu'en dira-t-on. Il n'y a que la crainte d'être honnis & méprisés qui les excite & qui les enflamme.

POMMADE. Composé de graisse & d'essences odoriférantes, dont on se sert pour nourrir les cheveux, & pour les parfumer. Un petit-maître ne manque pas de varier ses pommades, à dessein d'exhaler diverses odeurs ; aujourd'hui celle du jasmin, & demain celle de la tubéreuse.

> Il est bien fait, de bonne mine,
> Dont le poil à la blondine,
> Bouclé, poudré, pommadé,
> Cache un visage fardé.

Les femmes embarrassées d'un mauvais tein, ne manquent pas de se pommader la physionomie. Ce stratagême rend la peau plus luisante & plus lice.

POMMELÉ. On ne disoit autrefois que d'un cheval, qu'il étoit gris pommelé, on le dit maintenant d'un habit dont les desseins moirés sont en maniere de petites pommes.

POMPE, ou magnificence. On ne donne plus ce nom qu'à des cérémonies funebres; & cela vient de ce que dans nos fêtes & dans nos divertissements, nous préférons l'agréable au magnifique, la gentillesse à la somptuosité. Les Asiatiques, & les Italiens ont conservé le goût des pompes. Rien n'est comparable à leurs décorations & à leurs solemnités.

PONCTUALITE. C'est une belle chose que d'être ponctuel, quand cela ne dégénere pas en minutie.

PONT NEUF. Suivant le nom qu'on lui donne, & pont vieux selon son antiquité. Ce pont célébré dans Paris, est un lieu presque sûr pour rencontrer les personnes qu'on cherche. C'est le flux & reflux continuel des habitants, & des étrangers.

PONTS & CHAUSSÉES. Il n'y a pas un pays où les ponts, les chaussées & les chemins soient mieux tenus qu'en Hollande, & cela parce que la nature du lieu l'exige. La France depuis du temps se distingue dans cette partie, graces à Monsieur de Trudene, qui ne travaille que pour le bien de l'Etat.

POPULACE. Le plus bas peuple, & pour mieux dire l'assemblage de tous les vices, & de toutes les grossiéretés.

POPULAIRE. La vertu des Grands qui connoissent leurs intérêts, puisqu'on est sûr quand on est populaire, d'être véritablement aimé.

PORCELAINE. La plus ancienne

se trouve au Japon, la plus belle en Sixe, la plus brillante à Seve près Paris. On ne se sert plus dans les grandes maisons, que de porcelaine & d'argenterie.

PORPHYRE. Espece de marbre rougeâtre, & moucheté de blanc. Les belles tables & les belles cheminées se font en porphyre.

PORT.

> Le monde est un affreux déluge
> Qui n'a ni limite, ni port ;
> L'on n'y trouve de réfuge,
> Que dans le centre de la mort.

PORTAIL. Celui de St. Sulpice est le plus beau de Paris, mais il faut faire une place, & démolir les deux tours qui le déparent.

PORTATIF. Depuis que chacun lit, sans en être plus savant, on préfere les *in-douze*, aux *in octavo*, comme étant plus portatifs.

PORTE. L'usage veut qu'on dise

fermez la porte, au lieu de dire fermez la salle, ou la chambre, & il n'en est pas moins vrai que cet usage est ridicule. On pousse une porte, mais on ne la ferme pas.

PORTE COCHERE. Le plus petit bourgeois se donne maintenant les airs d'une porte cochere, au point que les petites portes & les allées sont des entrées ignobles.

PORTE. C'est ainsi qu'on appelle la Cour du Grand Seigneur, la sublime Porte, &c.

PORTE-LETTRE. Meuble de voyage, qui doit être historié, & parfumé, pour être à la mode.

SE PORTER, bien ou mal. Jouir d'une bonne, ou mauvaise santé. L'usage a consacré ce mot, & il seroit ridicule de vouloir le changer; mais il faut convenir qu'on auroit trouvé dans la langue, quelqu'autre terme plus convenable, & plus expressif.

PORTEUR de CHAISE. Les petits-maîtres ont dit mes *porteux*; & & cette singuliere maniere de prononcer, a tellement prévalu qu'on passe pour mal parler, lorsqu'on dit *Porteurs*.

PORTIER. C'est un Suisse décoré du beaudrier qui fait la fonction de portier chez les personnes qualifiées par leur naissance, ou par leur rang, & plus le maître est fier, plus le portier est insolent; mais avec de l'or on trouve moyen de les humaniser.

PORTIERE. Morceau de tapisserie qu'on met devant la porte d'un appartement, & où l'on a eu soin de faire mettre ses armes lorsqu'on est d'un rang distingué. Quant à la portiere d'un carrosse, c'est comme tout le monde sait l'espece de fenêtre qu'on ouvre, ou qu'on ferme toutes les fois qu'on veut entrer, ou sortir.

PORTIONS CONGRUES. Elles n'étoient autrefois évaluées qu'à trois cents livres, mais le luxe a tellement renchéri les denrées, qu'on vit incongruement, si la portion ne monte pas au moins à six cents.

PORTRAIT. Il y en a de trois sortes, à l'huile, en miniature, & en pastel. Il est rare de trouver un portrait bien ressemblant, & même les plus habiles peintres ne se piquent pas de réussir en ce genre.

PORTRAIT. Il veut dire au figuré, la représentation des mœurs d'une personne, ou d'une nation. On n'estime plus les Sermons qu'autant qu'ils sont chargés de portraits, & l'on veut que les ouvrages du temps soient autant de galeries ornées d'estampes, & de tableaux.

POSSEDER. Les hommes possederoient avec moins de plaisir, s'ils pensoient que les plus longues possessions ne durent que quelques instants; mais ils se croient éternels, & cette chimere les rends avides de tous les biens temporels. *Ovide* vient d'avoir en héritage une terre d'un million, il l'arpente, il l'admire, il s'y établit comme sur un trône inébranlable. Les Architectes se présentent, les ouvriers accourent, & déjà l'on dresse des plans pour moderniser les édifices; mais *Ovide* se trouve mal, il expire, & ses possessions passent à d'autres qui se rejouissent de sa mort.

POSSESSION. La plupart des Abbés ne connoissent pas de plus beau jour, que celui d'une prise de possession.

POSSIBLE. Les hommes sont ordinairement malheureux, parce qu'ils désirent des choses impossibles.

Heureux qui peut choisir une regle fidelle,
Qui tient tous ses désirs à la raison soumis,
 Et ne faisant rien que par elle
Ne veut rien qui ne soit & possible & permis.

POSTE. Plus on court la poste vite, & plus au jugement de nos petits-maîtres, on mérite des éloges & de la considération ; aussi ruinent-ils les postillons, & les chevaux, pour se mettre en honneur. *Meris* ne parle que de ses courses précipitées, il a parcouru en douze heures une espace dont la longueur en exige vingt, il a fait les plus gros paris, & il les a gagnés ; de sorte qu'on est injuste si l'on ne donne pas à *Meris* la dignité de postillon, ou de courier.

POSTE, ou emploi. Les postes ne s'obtiennent qu'à force d'argent, ou de recommandations.

POSTÉRITÉ. Celle qui nous condamnera comme des gens légers & frivoles, dont le savoir n'est que superficie, & la grandeur que vanité.

POSTHUME. Nom qu'on donne aux ouvrages qui ne paroissent qu'après la mort des Auteurs.

POSTICHE. On admire souvent

des femmes chez qui tout est postiche jusqu'à leurs sourcils & leurs dents.

POSTILLON. S'il n'est prompt comme le vent, il doit être renvoyé. C'est d'usage & de style.

POSTURE. Les sots ont des postures, que les gens d'esprit ne connoissent pas.

POT de VIN. Argent qu'on donne en sus d'un marché. On n'afferme plus les terres selon leur prix, parce qu'on se presse de vivre, en tirant de gros pots de vin.

POT - POURRI. Mélange de plusieurs odeurs dont on a soin de garnir des cheminées, & des cabinets. On appelle aussi de ce nom plusieurs morceaux de poésie rassemblés sans ordre, & sans liaison.

POTAGE. L'usage est d'en servir deux, lorsque le nombre des convives, s'étend jusqu'à dix, ou douze.

POTAGER. Jardin où sont les

herbes & les légumes, & dont le luxe a fait depuis quelques années un objet de vanité. On visite maintenant les potagers d'un Financier, comme ses appartements, comme des objets qui, chacun dans son genre, ont prodigieusement coûté.

POTELÉ. On se croit très-redevable à la nature quand on a la main potelée, & l'on a grand soin de faire voir cette insigne faveur.

POU de SOIE. Espece de gros de Naples fort en usage chez les personnes du bel air. Les hommes & les femmes s'en font des habits, & sur-tout lorsqu'on est en deuil.

POUDRE. On ne s'en servoit autrefois que pour dégraisser les cheveux & maintenant elle fait partie du luxe & des dépenses, comme les habillements mêmes. La poudre ne peut être trop fine, ni trop parfumée quand on veut prendre un air élégant. *Cypris* n'a pas d'autre mérite que d'être toujours artiſtement poudré, & cet avantage lui donne la hardieſſe de décider en maître ſur tout ce qu'il ignore.

Les femmes ont imaginé des poudres de toutes couleurs, pour relever leur tein, mais qu'eſt-ce qui ne s'apperçoit pas de ce ſingulier artifice? La poudre à la Maréchale eſt fort odoriférante, de ſorte qu'il ſuffit d'en mettre une pincée dans une livre de poudre ordinaire, pour la parfumer.

POUDRES. On en compte juſqu'à mille eſpeces différentes, & toutes imaginées depuis un ſiecle, pour enrichir les Apothicaires ou les Médecins, ſous prétexte de guérir tous les maux.

POULET. Billet amoureux qu'une coquette eſt jalouſe d'écrire, & de recevoir: les petits-maîtres compoſent eux-mêmes des billets doux, qu'ils ſe font apporter lorſqu'ils ſont en compagnie, à deſſein de perſuader qu'on les recherche & qu'on les chérit.

POUPÉE. Figure de plâtre que les Marchandes de modes habillent ſelon le goût du temps, & qui ſert de modelle aux femmes du bel air, & de jouet aux enfants. Si *Celiſe* ſe rendoit juſtice, elle ſe placeroit dans une boutique pour en être la poupée, puiſqu'on ne lui connoît d'autre talent que celui de montrer un viſage fardé, & les ajuſtements du jour.

POUPIN. Homme qui ſe rend eſclave de la parure, & qui a tout l'air de ſortir d'une boëte, lorſqu'il ſe préſente en public.

POUR CE QUE. Sorte de conjonction hors d'uſage dans le beau ſtyle, ainſi que les vers qui ſuivent.

Quand j'épouſai ma femme, auſſi n'étoit-ce pas,
Pour ſon teint, ſa jeuneſſe, ou ſes autres appas,

En voulez-vous favoir la raifon ? Ce fut pour ce qu'elle avoit une bourfe.

POURPARLER. Les femmes font fouvent en pourparler, & prefque toujours pour des minuties.

POURPRE. Couleur qui n'étoit autrefois en ufage que parmi les Rois, & dont tout le monde fe pare, depuis que tous les états font confondus.

POURQUOI. Les *fi*, les *mais*, les *comment*, les *pourquoi*, font toute la Théologie des incrédules. C'eft fur ce fondement qu'ils repofent en paix, fans vouloir penfer qu'il ne peut y avoir que des objections à l'infini, dès qu'il s'agit d'un Être incompréhenfible, & que la foi par conféquent eft le feul moyen de l'honorer.

POURSUIVRE. Il n'y a point d'ambitieux qui ne meure à la pourfuite de fa fortune.

POUSSER, de beaux soupirs, & de beaux sentiments : c'est pour l'ordinaire faire le rôle d'amoureux, lorsqu'on n'aime rien.

POUSSIERE. On n'a jamais tant jeté de poussiere aux yeux, que depuis qu'on enfile des antitheses, & des épigrammes, pour faire des livres, & pour en inonder la capitale & les provinces.

POUTRE. La poutre est maintenant un objet indécent, qu'on a grand soin de cacher sous un plafond.

POUVOIR. Il n'est estimable qu'autant qu'on l'emploie pour obliger.

PRALINES. Amandes rissolées dans du sucre, & qui se soutiennent encore, quoiqu'on n'en soit plus aussi friand qu'autrefois.

PRATIQUE. Ce qui est souvent l'antipode de la théorie, & ce qui va toujours en déclinant. On ne pratique assez communément l'Evangile, que lorsqu'on commence à vieillir.

PRATIQUER. On ne connoît les hommes, que lorsqu'on a pratiqué les Grands & les Petits; & voilà d'où vient qu'on n'a point une histoire fidelle du cœur humain.

PRÉADAMITES. Hommes qui s'imaginent follement qu'Adam n'est pas le premier des humains.

<blockquote>
Ici gît la Peirere, ce bon Israélite,
Catholique, Huguenot, enfin Préadamite,
    Quatre Religions lui plurent à la fois,
Et son indifférence étoit si peu commune,
Qu'après quatre-vingts ans qu'il eut à faire un choix,
Le bonhomme partit, & n'en choisit pas une.
</blockquote>

PRÉAMBULE. Les gens à préambules sont ordinairement des discoureurs fort ennuyeux.

PRÉCEPTEUR. On est plus jaloux chez les Grands d'avoir un bon Cuisinier, qu'un bon Précepteur, & en conséquence on ne paie celui-ci que le moins qu'on peut.

PRÊCHER. C'est faire la fonction des Apôtres, quand on ne s'attache qu'à annoncer la parole de Dieu ; mais c'est agir en homme, quand on ne débite qu'une éloquence toute profane.

PRÉCISION. On devient souvent obscur, à force de vouloir être trop précis.

PRÉCOCE. L'esprit est maintenant si précoce, qu'il n'en reste plus au moment où il seroit le plus nécessaire d'en avoir.

PRÉDICATEUR. Il n'y a plus que celui qui flatte les oreilles par des jeux de mots, & par des saillies, qui est écouté.

PRÉÉMINENCE. Prérogative qui flate l'orgueil, & dont les Moines & les Dévots sont plus friands que personne. *Alain* fait retentir tous les Tribunaux des mémoires qu'il présente, il sollicite tous les Juges, il emploie toutes les protections, il ne cesse de parler du droit qu'on lui conteste : & de quoi s'agit-il ? De trois coups d'encensoir qu'il prétend, au lieu de deux qu'on lui offre.

PRÉFACE. Discours qu'on met à la tête d'un livre, & qui doit en être le précis, mais qui n'est plus qu'une déclamation, ou qu'une plaisanterie totalement étrangere au sujet.

PRÉFÉRENCE. La préférence qu'on donne aux ouvrages, est souvent l'effet de la cabale, & de la prévention.

PRÉJUGÉS. La nouvelle philosophie a tellement séduit les esprits, qu'elle a trouvé moyen de leur faire envisager les vérités les mieux constatées, comme de simples préjugés.

PRÉLAT. Ce mot en Italie ne signifie point comme en France, un Evêque. Les Prélats Romains sont de simples Abbés qui ont des charges à la Cour du Pape, & qui souvent n'ont pas même le Sous-Diaconat.

PREMATURÉ. On est aujourd'hui tellement prématuré pour le libertinage, qu'on a peine à trouver des mœurs chez la plupart des jeunes gens.

PRESENCE D'ESPRIT. Avantage aussi rare, qu'il est nécessaire dans le commerce de la vie.

PRESENT. Peu de personnes jouissent du présent, & c'est la crainte ou l'espérance de l'avenir qui empêche cette jouissance.

PRESENTER. On ne doit présenter dans les sociétés que ceux dont on est sûr. Cette sorte de cérémonie est presque toujours aussi embarrassante pour le Présentant, que pour le Présenté.

PRESERVATIF. Il n'y en a pas de meilleur contre l'ennui, que l'application au travail ; comme il n'y en a pas de plus sur contre l'incrédulité, que les raisonnements mêmes des incrédules.

PRESOMPTION. *Larix* petit homme rempli de préfomption, croife les jambes, leve une tête altiere au moment qu'il devroit faluer, fe mouche avec un bruit énorme, jette des regards qui effraient les imbécilles & les fots, n'approuve que ce qui lui plaît, fe faifant gloire de ne penfer comme perfonne ; fronde tout ce qui eft généralement eftimé. *Larix* s'eft vu dans un miroir, & fe croit le plus bel homme du Royaume.

PRESSE. Il y a toujours grande preffe chez ceux qui donnent à manger. On fait mine d'aller pour eux, & l'on ne va que pour leur foupé. Un Philofophe tire fon ame de la preffe le plus qu'il peut, aimant mille fois mieux manger avec un ami,

ami, qu'avec tous les Seigneurs.

PRESTOLET. Un Abbé qui fréquente les spectacles & les toilettes, n'est qu'un vrai prestolet.

PRESUMER. Personne ne présume si bien de soi qu'un jeune Auteur qui se met sur les rangs, ou qu'un jeune Officier qui a le grade de Sous-Lieutenant.

PRETENTION. Les gens à prétentions sont insupportables dans la société, & cependant le monde en est plein. *Merise* exige qu'on la visite, qu'on l'admire, qu'on la complimente, qu'on l'accompagne partout où elle va, qu'on recueille enfin ses vapeurs & sa mauvaise humeur, comme une des plus précieuses faveurs dont on puisse être gratifié. *Merise* a manqué sa vocation; elle étoit née pour être Souveraine dans l'Afrique, ou dans l'Asie, où elle n'auroit vu que des esclaves à ses pieds.

PRÊTER. On peut dire du plus grand nombre des hommes, ce que la Fable dit de la fourmi. *Les hommes ne sont point prêteurs, c'est là leur moindre défaut.* Il n'y a pas un moyen plus sûr de faire pâlir un riche, que de lui demander quelque argent à emprunter. Alors toutes ses protestations de service ne subsistent plus, & l'on apperçoit un homme qui se trouble, qui ment, & qui ne cherche qu'à se débarrasser d'un ami que la veille même il avoit comblé d'amitiés.

PRÊTER L'OREILLE. Chose ordinaire parmi les femmes, dont les unes aiment qu'on leur conte fleurettes, & les autres qu'on leur fasse des rapports.

> Eve aima mieux pour s'en faire conter,
> Prêter l'oreille aux fleurettes du Diable,
> Que d'être femme, & ne pas caqueter.

PRETEXTE. Il y a toujours des

prétextes quand il s'agit de ne point obliger.

PRETIEUX. Il reste encore des précieuses, malgré la chasse que Moliere leur donna, & qui dans leurs discours, comme dans leurs façons, n'ont rien que de ridicule & de recherché.

PREVALOIR. La mode est si forte que le bel esprit a prévalu sur le bon sens, & qu'il n'y a plus que ceux qui écrivent épigrammatiquement qui soient lus & estimés.

PREVENTION. Les Grands ne se déterminent à rendre service qu'après les plus fortes récommandations; & sur un seul mot défavorable, ils retirent leur protection. Les gens en place ne peuvent se garantir de la prévention, qu'en agissant comme les Juges, en ne condamnant personne sans avoir entendu les raisons de l'accusateur & de l'accusé; mais il est bien plus court de dire un tel est un mauvais sujet, & qu'on ne m'en parle plus.

PRÉVOYANCE. Les vieillards prévoient trop, & les jeunes gens pas assez.

PREUVE. Une preuve que nous sommes immortels, c'est que nous avons toujours des désirs, que nous ne pouvons jamais contenter.

PRIER. Il y a des hommes, & c'est le plus grand nombre, qui passent leurs jours sans prier Dieu; si ceux-là ne sont pas des monstres d'ingratitude, ou des bêtes semblables à celles qui broutent, qu'on me dise donc ce qu'ils font.

PRIERE. Il faut être imbécille pour dire que la priere est inutile, parce que Dieu ne change pas; comme si Dieu qui a tout prévu, & devant qui tout est toujours présent, n'avoit pas connu de toute éternité, qu'en telle circonstance il accorderoit telle grace, en faveur d'un cœur contrit & humilié, qui solliciteroit ses bienfaits avec ardeur. Est-il donc plus difficile de donner la santé, que de donner l'être. Et celui qui a fait le plus, ne pourroit-il le moins ?

PRIMER. Les petits hommes aiment à primer, comme une chose qui les dédommage de leur petite taille.

PRINCE. Les Princes sont souvent d'un plus facile accès, que ceux qui les servent, & les Princesses beaucoup plus unies que toutes nos *Madames* que nous voyons tous les jours.

PRINCIPES. On n'en connoît plus depuis qu'on agit par caprice, & qu'on étudie au hazard; cependant si l'on ne s'impose des regles soit dans la conduite, soit dans le travail, on ne fait rien qu'à contre temps, & rien que de vicieux ou tout au moins d'inutile.

PRINTEMS. Saison qui nous paun mauvais sujet, & qu'on ne m'en parle plus.

PRÉVOYANCE. Les vieillards prévoient trop, & les jeunes gens pas assez.

PREUVE. Une preuve que nous sommes immortels, c'est que nous avons toujours des désirs, que nous ne pouvons jamais contenter.

PRIER. Il y a des hommes, & c'est le plus grand nombre, qui passent leurs jours sans prier Dieu; si ceux-là ne sont pas des monstres d'ingratitude, ou des bêtes semblables à celles qui broutent, qu'on me dise donc ce qu'ils font.

PRIERE. Il faut être imbécille pour dire que la priere est inutile, parce que Dieu ne change pas; comme si Dieu qui a tout prévu, & devant qui tout est toujours présent, n'avoit pas connu de toute éternité, qu'en telle circonstance il accorderoit telle grace, en faveur d'un cœur contrit & humilié, qui sol'iciteroit ses bienfaits avec ardeur. Est-il donc plus difficile de donner la santé, que de donner l'être. Et celui qui a fait le plus, ne pourroit-il le moins ?

PRIMER. Les petits hommes aiment à primer, comme une chose qui les dédommage de leur petite taille.

PRINCE. Les Princes sont souvent d'un plus facile accès, que ceux qui les servent, & les Princesses beaucoup plus unies que toutes nos *Madames* que nous voyons tous les jours.

PRINCIPES. On n'en connoît plus depuis qu'on agit par caprice, & qu'on étudie au hazard ; cependant si l'on ne s'impose des regles soit dans la conduite, soit dans le travail, on ne fait rien qu'à contre temps, & rien que de vicieux ou tout au moins d'inutile.

PRINTEMS. Saison qui nous paroit d'autant plus agréable, qu'elle vient après les horreurs de l'hiver; au lieu que l'automne n'arrive, qu'après que nos yeux font pour ainfi dire raffafiés de verdure, & de toutes les beautés champêtres.

PRINTEMS. Au figuré fignifie la fleur des jours, mais que cette fleur paffe vîte, & fur-tout lorfqu'on fe livre aux plaifirs. *Dorine* a paru étincellante comme un aftre, tout le monde l'a fuivie, & dans le temps même qu'on la fuivoit, fa beauté s'eft fanée, & ne reviendra plus.

PRISME de VERRE. Prefque toutes les beautés que nous admirons, n'ont pas plus de réalité que celles qu'on apperçoit à travers le prifme.

PRISON. C'eft une grande fottife de fe faire mettre en prifon, pour avoir le trifte plaifir de dire un bon mot. Cependant *Ermure* fe vante d'avoir été à la Baftille, comme fi l'imprudence, & la témérité étoient des titres qui puissent honorer.

PRIX. On donne du prix aux choses, selon qu'on est affecté.

PROBITÉ Les gens qui parlent toujours de leur probité sont ordinairement ceux qui n'en ont point.

PROBLEMATIQUE. Les distinctions de l'école peuvent être dangereuses, en ce qu'elles donnent un air de problême à toutes les questions qu'on agite.

PROCEDÉ. Maniere d'agir à l'égard du prochain. On n'a pour tout le monde que de bons procédés, quand on connoît la justice & l'humanité.

PROCÈS. La terreur des honnêtes gens, & l'élément des chicaneurs. *Agrippin* qui n'a d'autre plaisir que de plaider, s'agite, se tourmente, & ne donne point de relâche à son Rapporteur. On croit qu'il s'agit de sa fortune, & il n'est question que d'une rente de trois livres, & encore *Agrippin* est-il prêt à recommencer un nouveau procès pour vingt sols de redevance.

Les procès sont interminables parmi nous, parce qu'au lieu de prendre des arbitres à l'amiable, comme cela se fait ailleurs, on veut que les moindres affaires se décident selon les formes juridiques, & presque toujours les formes absorbent le fond.

PROCESSIF. Dieu nous garde des voleurs, & des hommes processifs, les uns nous dépouillent tout à coup, & les autres peu à peu.

PROCESSION. Il n'y a rien de plus magnifique dans ce genre, que la procession qui se fait à Rome le jour de la Fête Dieu.

PROCHAIN. On n'en connoît plus guere que soi-même.

PROCHES. Il suffit souvent d'être sorti du même sang, pour ne pas se voir, & pour se haïr.

PROCUREUR. Celui qui doit appuyer en justice les intérêts de ses parties, & celui pour l'ordinaire qui ne pense qu'aux siens propres. Il faudroit une chambre établie uniquement pour examiner les sinuosités des Procureurs, & pour les presser d'agir.

PRODIGALITÉ. Le prodigue n'est point généreux, car il ne fait que perdre, & ne sait pas donner. Demandez un écu à *Filidor* pour soulager une famille réduite à la derniere misere, il ne l'aura pas, & il va tout à l'heure acheter mille superfluités qui coûtent cinquante Louis, & dont il sera las demain. Tel est l'élégant *Berus* qui vient de donner six francs à un Commissionaire qu'il n'a employé que pendant une demi-heure, & qui crie qu'on l'écorche parce qu'on lui demande pour son dîner cinq sols au-de-là de ce qu'il prétend payer.

PRODIGE, PRODIGIEUX, PRODIGIEUSEMENT. Mots très-ufités pour exprimer de très-petites chofes, depuis que les termes ampoulés font devenus le langage des petites-maîtreffes.

PRODIGUE. Le prodigue a des moments d'avarice qu'on ne peut ni concevoir, ni définir.

PRODIGUER. On prodigue fouvent fes careffes à un objet qu'on auroit honte de nommer.

PRODUCTIONS. Celles de la terre enrichiffent, celles de l'efprit au contraire ne fervent qu'à entretenir la faim. Si *Pirmil* eût appris un bon métier, il vivroit; mais il ne fait faire que des livres, & perfonne ne l'affifte.

PRODUIRE. Les jolies femmes ne cherchent qu'à fe produire dans le monde, & à s'y faire des adorateurs. Lorfqu'elles n'ont point de naiffance, elles fe font préfenter par des personnes qui en ont, ou que leur richesse, & leur crédit met au pair des Grands. Alors on étale des charmes, ou une jolie voix, & l'on se fait un nom.

PROFANER. On a trop profané les sciences en écrivant à tort & à travers sur tout ce qui est de leur ressort. Les ignorants en ont voulu tâter, & les Muses ont été la proie des imbécilles & des sots. Les orgueilleux craignent de se profaner, en parlant à ceux qu'ils jugent leurs inférieurs, comme si toutes les ames n'étoient pas également immortelles, & tous les corps de la chair & du sang.

PROFÈS. Tout petit-maître est profès dans l'ordre de la frivolité, & toute petite maîtresse dans celui de la coqueterie.

PROFIL. Quand on ne voit l'esprit des personnes que de profil, on se trompe facilement sur leur compte.

PROFIT. On tire de son argent, le plus de profit qu'on peut, & l'on n'en tire aucun des bons livres qu'on lit.

PROFITER. *Delfir* profite à la maniere des arbres, il croît, il végete, & l'on n'apperçoit chez lui que de grands cheveux, & de grands bras. Quel dommage de ce qu'il n'est pas un poirier, ou un pêcher. Il seroit utile, & il mourra sans l'avoir été.

PROFOND. Une paix profonde est le plus grand des biens; & l'on est trop heureux quand on peut dire,

>Je jouis d'une paix profonde,
>Et pour m'assurer le seul bien,
>Qu'on doit estimer en ce monde,
>Tout ce que je n'ai pas, je le compte
>   pour rien.

PROFOND. Mot qui s'applique à diverses choses, & qui me rappelle qu'un orgueilleux croit avoir multiplié son être, quand on lui fait une profonde révérence, & quand on se dit au bas d'une lettre son très humble & très-obéissant serviteur, avec un très-profond respect. Il faut que l'orgueil soit bien petit, puisqu'il se contente de si petites choses.

PROFONDEUR. Les profondeurs de la métaphysique nous semblent des chimeres, parce que nous ne savons ce que c'est que d'approfondir.

PROGRÈS. Ceux qu'on fait au College ne peuvent mettre qu'en état d'apprendre.

PROGRESSION. Celle de nos modes est tout à la fois l'objet le plus pitoyable, & le plus divertissant. Il ne s'agit que de la maniere de l'envisager.

PROIE. Le mérite a toujours été en proie à la calomnie, & à l'envie.

PROJECTION. La poudre de

projection qui selon les Alchimistes change le cuivre en or, est le plus grand de tous les secrets, car jamais personne ne le saura.

PROJETS. Il n'y a point de jour qu'on n'enfante des projets, comme si l'on devoit sans cesse être occupé à refondre, & à réformer. Les esprits chimériques passent tout le temps de la vie à projeter.

PROLIXE. Les Prédicateurs seroient plus suivis, s'ils étoient moins prolixes. L'attention s'épuise au bout de trois quarts d'heure, & quelquefois même auparavant.

PROLOGUE. Ce genre d'écrire a été si souvent rebattu, que ce n'est ordinairement qu'un discours ennuyeux pour les spectateurs.

PROLONGER. On a beau appeller les Médecins, la vie ne se prolonge pas d'une seconde, quand la derniere heure est prête à sonner.

PROMENADE. Il n'y a que les François qui fachent fe promener à pied, & qui aient fait de cette innocente récréation, un fpectacle des plus amufants, & des plus curieux. C'eft là que *Cloris* étale la fraîcheur d'une robe dont on n'a point vu la pareille, & qui raffemble autour de fa perfonne, une multitude de badauts; comme c'eft là que l'élégant *Farfolet*, en habit de taffetas couleur de rofe, en vefte garnie de blondes, & la lorgnette en main, regarde autant qu'il eft regardé, & s'applaudit de partager avec la divine *Cloris*, le triomphe de la fête. On fe preffe, on fe pouffe, pour les voir, & les revoir, & bientôt ce n'eft plus qu'un nuage de pouffiere, & qu'un mélange d'odeurs qui s'exhalent des cheveux & des fachets.

PROMENOIR. Les boulevarts ne font d'agréables promenoirs que pour ceux qui ont de brillants équipages, ou qui ne peuvent aller à pied ; on y diſtingue les états, ou du moins les fortunes ; au lieu qu'aux Thuilleries, & au Palais-Royal, c'eſt vraiment l'égalité des conditions.

PROMESSES. Le langage des Cours dont on connoît la valeur, quand on ſait qu'il y a des milliers de folliciteurs pour un ſeul emploi.

PROMETTRE. Perſonne ne promet avec tant de chaleur, qu'un homme qui emprunte, ou qui eſt amoureux. Le beſoin, ou la paſſion ne connoît rien qui arrête.

Avant que de promettre il faut du jugement,
Et quand on a promis, il faut de la mémoire.

PROMPT. Les coquettes comme les gens d'affaires demandent toujours prompte réponſe.

PROMPTITUDE. La promptitude à croire le mal, ſuppoſe une ame méchante, & qui n'eſtime point aſſez ſon prochain.

PRONE.

> Bien que du Moulin en ſon livre,
> Semble n'avoir rien ignoré,
> Le meilleur eſt toujours de ſuivre
> Le Prône de notre Curé.

PRONEUR. Quelques talents que puiſſe avoir un Auteur, quelques bons que ſoient ſes ouvrages, il ne réuſſira point dans le ſiecle où nous ſommes, s'il n'a des prôneurs qui le faſſent valoir. *Eudoxe* ne s'eſt acquis un nom, que parce que cent voix l'ont préconiſé de toutes parts. On le loue par imitation, ſans ſavoir ce qu'il écrit.

PRONONCER. La maniere de prononcer les mots fait maintenant partie du mérite.

PROPOS. On en entend de toute eſpece, quand on eſt aſſez déſœuvré pour prêter l'oreille à tous les *on dit*.

PROPOSITIONS. Toute fille doit se tenir en garde contre les propositions qu'on lui fait.

PROPRETÉ. Elle dégénere en minutie, quand elle est poussée trop loin. On peut être propre sans être riche ; & c'est une attention que la bienséance exige, & qu'on se doit à soi-même, ainsi qu'à son prochain.

PROSE. La métaphore lui donne de l'énergie ; mais il ne faut pas en abuser. Il y a dans tous les siecles quelques Auteurs qui fixent la prose, & c'est sur eux qu'on doit se modéler.

PROSELITE. Les incrédules se font des prosélites, comme s'ils en étoient plus forts contre le ciel, lorsque leur nombre vient à grossir.

PROSPECTUS. Annonce d'un ouvrage où l'on promet ordinairement beaucoup plus qu'on ne doit donner, & qui par cette raison peut s'appeller un signal trompeur. Les *pros-*

pectus font prefque tous emphatiques.

PROSPERITÉ. Souvent elle eſt l'avant-coureur de l'infortune, comme le fujet de bien des remords.

PROSTERNER. La fortune eſt le veau d'or devant qui tout le monde fe profterne, aux dépens de fon repos, de fon honneur, & de fon falut.

PROSTITUER. Ce ne font de toutes parts que déréglements & proſtitutions, & l'on s'en vante comme d'une victoire qu'on auroit remportée. *Rhedis* n'a que des hiſtoires obfcenes à raconter, & en ce genre il s'approprie tout ce qu'il y a de plus extravagant, & de plus libertin. Il a été de toutes les parties de débauche qu'on peut imaginer, & tout cela n'eſt qu'un air que *Rhedis* fe donne, s'imaginant fottement, que des horreurs font d'illuſtres exploits.

PROTECTEURS. Il y en a fi peu de fervents, qu'on fait auſſi

bien de vivre sans être protégé.

PROTECTION. C'est le premier mot qu'on emploie à l'égard de ceux qu'on veut intéresser pour soi. On se rappelle cet homme qui avoit besoin d'un Ministre, & qui le nommoit *mon Dieu*.

PROTÉE. Homme qui chez les Poëtes changeoit de forme & de figure comme il vouloit, & qui semble revivre chez les petits-maîtres, & les courtisans. Que de grimaces, que de minauderies, que de variétés parmi ces trois especes, qui vont comme les modes & le temps.

PROTESTER. Personne ne fait autant de sermens & de protestations d'amitié, qu'un faux amant qui n'en veut qu'à la bourse, & qui ne vit que d'industrie. *Je vous adore*, dit Flamin, *à une vieille qui l'écoute, je suis à jamais votre esclave, & votre admirateur, la mort même ne pourroit me détacher de votre charmante personne, & toute mon ambition seroit d'expirer pour vous prouver tout le feu de mon attachement.* Ces paroles ont la force d'ouvrir une caſſete où *Flamin* puiſe à pleines mains, en riant ſous cape de la ſimplicité de ſa bonne femme, qui s'applaudit d'être aimée, comme elle ne le fut jamais, même pendant ſes plus beaux jours.

PROVERBES. C'eſt aſſez le langage ordinaire du peuple, & il faut convenir qu'il en a de fort bons. Les proverbes Italiens ſont beaucoup plus expreſſifs que les nôtres.

PROUESSE. Un fat regarde comme de belles proueſſes, toutes les impertinences qu'il a coutume de faire.

PROVIDENCE. Il ne peut y avoir qu'elle ſeule qui nous gouverne, ainſi que tout l'Univers, & loin de la reconnoître, & de l'admirer, on imagine un hazard qui ſemblable au rien, n'a ni propriétés, ni être.

PROVINCE. La France est divisée en plusieurs provinces, & c'est dans ces endroits éloignés de la Cour & de la Capitale, qu'on affecte d'en prendre les manieres & le ton, souvent même jusqu'à se rendre ridicule. On y connoît tout, on y juge de tout. *Musta* paroît au milieu d'un cercle, & là environné d'une multitude qui l'admire avant qu'il ait parlé, il raconte des anecdotes de la Cour, qu'il tient de la premiere main, & qui n'ont pas plus de vraisemblance que de vérité. Il fait tenir aux Princes, & aux Ministres, des propos qui ne conviennent qu'au vulgaire, il leur suppose des idées inconciliables avec leur maniere de penser. *Musta* est un homme de province, & c'est toute la réponse qu'on peut donner.

Cependant la province a des avantages; & les Parisiens qui ne se la représentent que comme le séjour de la bavardise, & de l'ennui, ne la connoissent point. On y trouve de la science, & de l'esprit, & des sociétés qu'une certaine ouverture de cœur, rend vraiment agréables.

PROVINCIAUX. Il ne leur manque que d'être moins curieux, & moins faiseurs d'historiettes ; car s'ils reçoivent bien l'étranger, ce n'est qu'en lui faisant payer l'intérêt de leur bonne réception, par mille caquets qu'engendre l'oisiveté.

PRUDE. Femme qui affecte une certaine sagesse, qui ne trouve bien que ce qu'elle fait, & qui ne peut manquer par cette raison d'être une épine dans la société. C'est ordinairement le rôle que joue une femme qui piquée de n'être plus ni jeune, ni jolie, pense à devenir dévote.

PRUDENCE. La vertu des Espagnols ; ils ne paroissent agir avec lenteur, que parce qu'ils font prudents. C'est dommage que notre vivacité, se trouve souvent en opposition avec cette précieuse qualité.

PUBLIC. Le Censeur des livres, & des actions, & qu'on doit toujours respecter. Il peut être entraîné par la cabale, ou par la prévention, mais il rend justice tôt ou tard.

PUBLIER. C'est un ton parmi nos étourdis, de publier qu'on a les faveurs de toutes les Dames qu'on fréquente. *Aris* s'est introduit dans une maison, où regnent la décence & la vertu. On lui fait le plus gracieux accueil, & il publie en partant, que la mere, les filles, & les femmes de chambre, étoient toutes à sa discrétion. Que d'*Aris* dans certains corps qu'il est inutile de nommer.

PUCELLE. Fille qui a sa virginité, & qui n'est peut-être pas aussi rare qu'on veut se le persuader.

> Qu'aisément l'amoureux poison,
> S'introduit dans le cœur d'une jeune pucelle,
> Et qu'une mere avec raison,
> Fait pour l'en garantir, une garde fidelle.

PUDEUR. Cette vertu commence à devenir si rare, qu'on demandera bientôt ce qu'elle est, & dans quel temps elle régnoit. Les filles n'ont pas six ans, qu'on leur donne un goût de parure, incompatible avec la modestie, & les garçons n'en ont pas dix, qu'ils commencent à répéter les propos indécents de leurs oncles, ou de leurs peres.

PUERILITÉ. Que de personnes puériles dans leurs ajustements, & dans leurs discours.

PUISER. On ne puise plus la science dans les sources, mais dans quelques ouvrages modernes qui se ressentent de la frivolité du siecle, & de la superficie des esprits.

PUISSANT. Il n'y a point de petit Gentilhomme qui ne se qualifie maintenant dans le plus petit acte, de haut & puissant Seigneur, & qui ne méprise en conséquence tout ce qui n'est que Commerçant, ou Bourgeois.

PUISSANCE. Une femme étoit autrefois sous la puissance de son mari, comme un fils sous celle de son pere ; mais ce mot de puissance n'est plus que pour le Palais, & est totalement inconnu dans la maniere de se conduire.

PUISSANCES. Soit Ecclésiastiques, soit Séculieres ; autant d'émanations de la Puissance Suprême, & qu'on ne peut trop respecter.

PULMONIQUES. Presque tous ceux qui sont dans ce cas, sont plus ardents en amour, que tout autre, ce qui acheve de les ruiner.

PULVERISER. Si l'ambitieux avoit le pouvoir, comme il en a l'intention, il pulvériferoit tout ce qui s'oppofe à fes deffeins.

PULULER. Les incrédules depuis trente ans ont pululé, comme les chenilles en été, & comme elles ils difparoîtront, fans avoir fait autre chofe que de ronger quelques feuilles, & caufé quelques puftules.

PUNAISES. Il n'y a pas de plus sûr moyen de s'en garantir, que la propreté. Les Hollandois ne connoiffent point cette vermine, parce qu'ils ont foin de balayer, & de laver chaque jour leurs appartemens.

PUNIR. Les punitions doivent être proportionnées aux fautes, & aux crimes; c'eft par cette raifon, comme le dit Monfieur de Montefquieu, qu'on ne devroit pas punir également, l'homme qui vole fur un grand chemin, & celui qui affaſſine.

PUPITRE. Toutes les perſonnes qui écrivent doivent ſe ſervir d'un pupitre, comme d'un inſtrument qui éleve le papier, & qui empêche l'eſtomac de ſe fatiguer. Bien des gens de lettres ſe ruinent la ſanté faute d'avoir cette précaution.

PUR. Un cœur pur, n'eſt pas facile à trouver. La vraie parure d'une femme eſt la pureté des mœurs.

PURGER. C'eſt une mauvaiſe habitude que celle de ſe purger fréquemment, attendu qu'il n'y a point de Médecine qui ne ſoit une eſpece de poiſon, de l'aveu même de tous les Médecins. Mais faire entendre ce langage aux femmes qui ne ſe purgent que par déſœuvrement, ou par air, c'eſt vouloir prendre la Lune avec les dents.

PURISTE. Celui qui connoît la propriété de chaque terme, &

dont le langage, ou le ſtyle eſt extrêmement châtié. Il eſt bon d'être puriſte, mais juſqu'à un certain point, crainte que cela ne dégénere en puérilité, & que l'attention aux mots, ne faſſe tort aux choſes qu'on doit toujours préférer. Rien de plus ridicule que la manie d'un homme qui lit un excellent livre, & qui n'en retient qu'une expreſſion qui l'a choqué, & c'eſt aſſez la coutume de tous les puriſtes.

PUSILLANIMITÉ. Eſpece de poltronnerie qui ne vient pas toujours d'une baſſeſſe de cœur, mais qui nait quelquefois de la foibleſſe des organes.

Q U

QUADRATURE DU CERCLE. Choſe auſſi difficile à trouver, qu'une jolie femme ſans prétentions, qu'un petit-maître ſans fatuité, qu'un Financier fans morgue.

QUALIFIÉ. Qui a quelques titres, ou qui s'en procure quand il n'en a point ; comme c'est l'ufage chez tous les hommes nouveaux qui ont la fureur de faire ériger leurs terres en Marquifats. *Ziblis* rampoit dans la foule il y a trente ans, ne connoiffoit de Nobles, que ceux qu'il voyoit paffer, n'avoit d'autre cortege que fa propre perfonne qu'il traînoit dans la boue, & chez tous ceux qui n'avoient ni titre, ni charge, ni nom ; il s'eft mis dans une entreprife qui a réuffi, il a gagné du bien, il s'eft rendu poffeffeur d'un Château, & maintenant *Ziblis* eft Monfieur le Marquis, qui crie à pleine voix, qui ne fait de révérence à perfonne, & qui voudroit pouvoir paffer fur le corps de tous ceux qu'il rencontre.

QUALITÉ. Autrement naiffance illuftre. On reconnoît les perfonnes de qualité à leur air affable, & gracieux. On appelle un style de qualité, un style noble & élevé.

QUALITÉS. Celles de l'ame sont infiniment supérieures à celles du corps ; mais *Jamine* renonceroit à l'avantage d'être vertueuse, pour avoir le plaisir d'être belle, & d'être regardée.

QUAND. Ah! quand la sagesse succedera-t-elle à la folie! Quand chacun se tiendra-t-il dans sa sphere! Quand abjurera-t-on les sophismes, & les paradoxes pour reprendre l'ancienne vérité! Quand le luxe cessera-t-il de captiver les esprits, & les cœurs! Quand les ouvrages de tant d'Ecrivains captieux, ou frivoles, seront-ils évalués pour ce qu'ils sont! Quand le mérite & l'esprit reprendront-ils le dessus, sur des dentelles, & sur des galons! autant de souhaits qui se feront encore pendant long-temps ; le monde tel qu'il eſt monté, n'ayant aucune apparence de vouloir changer ſi-tôt.

QUANT A MOI. Expreſſion qui friſe la vanité, & dont on doit éviter de ſe ſervir. Il n'y a rien de plus ridicule que d'entretenir une ſociété de ſes goûts, de ſes caprices, de ſes manieres, & de ſes rêves. Il n'eſt permis qu'à *Clidas*, ce petit ſot enflé de lui-même, de dire toujours *moi*, l'égoïſme fut toujours odieux. Il humilie les autres, & perſonne ne veut être humilié.

QUART. Douze années ſont le quart de la vie du plus grand nombre des femmes, & quinze du plus grand nombre des hommes, en comparaiſon des perſonnes qui arrivent juſqu'à l'âge de ſeptuagenaire.

QUATRAIN. On ſe faiſoit autrefois un nom pour une ſimple ſtance de quatre vers; mais tant de verſificateurs ſe ſont mis ſur la ſcene du monde, qu'il faut maintenant enfanter des vers par milliers, avant que d'être seulement connu.

QUENOUILLE. Petit bâton autour duquel on met du lin, ou de la foie pour filer, & que les femmes du bel air ont abandonné au vulgaire.

QUERELLE. Quand les Auteurs se querellent, le public rit, de sorte que s'ils étoient bien conseillés, ils ne compromettroient jamais leur réputation, en s'invectivant.

QUERELLEUR. Homme détestable, & détesté, qu'il faut fuir le plus vîte qu'on peut, sans regarder derriere soi. Rien n'engendre les querelles comme le vin, & l'amour.

QUÊTER. C'est à qui quêtera pour les pauvres, parmi les femmes jeunes & jolies. Elles ont fait d'un acte de dévotion, un acte de vanité ; de sorte qu'on les voit au milieu des Eglises, plus parées que les Autels mêmes, distraire par leurs atours & par leurs regards, les personnes les plus recueillies, & flater leur goût pour la coquetterie, sous prétexte de faire une œuvre de charité.

QUESTIONNER. Il y a deux sortes de personnes qui questionnent volontiers. Celles qui veulent connoître les usages, & les mœurs des différents pays, & ce sont des Auteurs, & celles qui n'ont d'autre objet que la curiosité, & ce sont des femmes, ou des provinciaux.

QUEUE. On ne devroit porter la queue qu'aux personnes de la premiere qualité, & cependant il y a des femmes de Traitants, & d'une Noblesse très-roturiere, assez sottes, pour se la faire porter. *Ripette* descend d'un carrosse magnifiquement verniflé, elle s'appuie sur les épaules de deux laquais qui sont l'insolence même, & après avoir traversé des flots de monde, que son cortege

& son air imposant écartent, elle arrive jusqu'aux pieds des Autels, où l'on ne cesse de lui porter la queue, que lorsqu'elle s'assied; car elle est trop fiere pour s'agénouiller à la maniere du peuple. *Ripette* n'agit ainsi que par un défaut de mémoire, elle a oublié que sa mere fut femme de chambre, & que le pere de son mari porta patiemment la livrée.

QUINTEUX. Les femmes ont de la haine, ou de l'amour, par quintes, c'est-à-dire sans savoir pourquoi.

QUINTESSENCE. Le raffinement est poussé si loin, qu'on ne veut plus que des quintessences, & des élixirs.

QUINZE. Terme de tripot, & qu'on n'ignore pas, quand on cherche à dupper.

QUINZE-VINGTS. Espece d'hôpital fondé par Saint Louis, pour trois cents aveugles. On a souvent trompé des étrangers, en leur faisant croire que la plus belle Bibliotheque de Paris, se trouvoit aux quinze-vingts, & en conséquence ils couroient pour la voir.

QUITTER. Les femmes qui aiment le monde, ne le quittent qu'au moment même de leur mort. Jusqu'à ce moment là, eût-on quatre-vingts ans, & ne pût-on sortir, il faut se poudrer, se farder, & s'ajuster, c'est-à-dire, parer une squelette & se faire moquer de soi.

QUOI. Le je ne sais quoi est une sympatie qui nous entraîne vers un objet, plutôt que vers un autre, sans qu'on en puisse donner la raison.

QUOLIBET. On est sûr de ne plaire qu'à de fades adulateurs ou à des sots, quand on a l'esprit tourné aux quolibets; car c'est le genre d'esprit, le plus pitoyable, & le plus choquant.

R.

RABAT. La mode exige qu'il foit à ourlets blancs, & du plus gros bleu, & les Eccléfiaftiques les plus aufteres s'y font conformés, excepté quelques vieux Janféniftes qui confervent encore l'ufage ancien.

RABATTRE. *Pinandre* aimeroit mieux mourir que de rabattre quelque chofe de fon orgueil.

RABOTEUX. Tel eft le chemin des Sciences, mais on a trouvé le moyen de l'applanir, en n'apprenant, que tout ce qui en éloigne.

RACE, ou lignée. On voit tous les jours des gens qui n'en avoient qu'une obfcure, s'en donner une diftinguée, à force d'argent.

L'argent fait ennoblir de fimples Roturiers,
Comme de bons Marchands, & de gros Financiers,
Et leur fait des Aïeux, de quinze ou feize Races,
Dont le diable auroit peine à demêler les traces.

RACHETER. Il est des Provinces où l'on rachete un dîné donné avec faste, par des semaines entieres d'abstinence.

RACINE. Les ambitieux ne s'occupent que des moyens de prendre racine à la Cour, sans penser que l'arbre qui paroît le plus robuste, & le plus élevé, est toujours prêt à être renversé, & qu'il ne faut qu'un leger orage, pour en venir à bout.

RACCOMMODER. Il est rare que deux amis qui se raccommodent, se retrouvent au dégré de leur premiere union.

RACONTER. C'est une terrible situation que d'être obligé d'écouter un homme qui raconte mal, & qui selon le privilege des mauvais narreurs, n'a que de longues histoires à rapporter. *Isler* fait un conte pour amuser une compagnie, & le malheur est qu'on ne sait, ni quand il faut rire, ni quand il faut applaudir. Tout eſt monotone comme ſa voix, nul épiſode, nul intérêt, & il ne reſteroit pas d'autre reſſource que de penſer à toute autre choſe, & de bailler, ſi *Isler* n'avoit pas la rage de regarder tous ceux qui l'environnent, pour voir ſi l'on eſt attentif, & ſi l'on n'eſt pas enchanté.

RACCOURCIR. Rien ne ſe raccourcit plus vîte, & plus sûrement que notre vie.

RACCROCHER. Je ne connois pas d'état plus triſte, que celui d'une perſonne qui a quitté le monde par une profeſſion ſolemnelle, & qui cherche à s'y raccrocher.

RADOTER. L'homme commence par bégayer, & finit par radoter, & l'on ne trouve entre ces deux eſpaces que quelques miſérables jours agités par des orages, & remplis d'infortunes. Il n'y avoit autrefois que les vieillards qui radotoient, mais aujourd'hui tout le monde s'en mêle, au point que ce n'est qu'un radotage continuel dans la plupart des écrits & des discours.

RADOUCIR. Il y a des Grands qu'on ne radoucit qu'en leur parlant d'un ton ferme & décidé. Ils écrasent celui qui rampe, comme une ame pusillanime qu'on ne doit pas ménager.

RAFFERMIR. Rien ne raffermit un homme chancelant, comme les conseils d'un ami courageux.

RAFFINEMENT. Il n'y a point de chose sur laquelle on ne rafine. Les mœurs, les coutumes, les repas; les meubles, les ajustements, les écrits, le langage, tout se ressent d'une certaine délicatesse poussée à l'excès, dont le luxe est la véritable source.

RAFFOLER. S'engouer de quelque personne, ou de quelque chose.

On raffole des ouvrages marqués au coin de l'impiété, ainsi que de ceux qui en font les Auteurs.

RAFFRAICHISSEMENT. On entend par ce mot des fruits, des glaces, & des syrops, c'est-à-dire, ce que les Italiens savent donner avec magnificence, & avec profusion.

RAGE. On appelle maintenant rage de lait, un lait épanché, & l'on dit qu'on aime une chose à la rage, pour marquer tout l'excès de la passion.

RAGOTS. Mot qui signifie des contes sans suite & sans liaison, & qu'on emploie dans le style épistolaire, & dans le langage familier.

RAGOUT. Mets qui par son assaisonnement, doit réveiller l'appétit & qui nuit autant à la santé, qu'il peut plaire au goût.

RAYER. Les femmes ne veulent plus que des robes rayées, quoique les étoffes à bouquets soient infiniment plus jolies. Mais l'ufage eſt un tyran.

RAJEUNIR. Les femmes rajeuniſſent leur minois, comme les incrédules des objections, & il ne réfulte de tout cela, que de la vieillerie.

RAILLER. Il y a trois fortes de railleries, l'une qui chatouille, l'autre qui pince, & la derniere qui égratigne. La premiere exige beaucoup plus d'efprit, & tout homme fociable auroit honte de s'en fâcher. Quant à la maniere dont nos jeunes fats ofent railler aujourd'hui, elle eſt ſi pitoyable, qu'il n'y a pas une perſonne de bon ſens qui n'en ſoit indignée. Les railleries ne furent jamais des raiſons, & ſur cet article elles ſont tout ſimplement des extravagances.

RAISON Faculté de l'ame qui conſiſte à ſéparer le faux du vrai, à ne ſe laiſſer éblouir ni par la beauté d'une expreffion, ni par celle d'une penfée, à favoir s'arrêter là où la divinité a pofé des bornes. La nouvelle Philofophie en paroiffant vouloir élever la raifon au-deffus de fa fphere, l'a dégradée d'une maniere étrange; puifque c'eft mettre l'homme au plus bas, que de le déclarer matériel, c'eft à-dire, égal à la bête.

RAISONS. Les raifons qu'on allegue pour foutenir une opinion font très-fouvent fauffes, mais la raifon eft toujours vraie, de forte qu'on ne s'égare, que parce qu'on ne l'écoute pas.

RAISONNABLE. Il n'y a rien de moins raifonnable que les paffions, auffi faut-il toujours les diriger, fi l'on ne veut pas donner dans des écarts.

RAISONNEURS. Les écoliers, & les laquais font de francs raifonneurs, ils ont toujours mille chofes à rément plus jolies. Mais l'ufage eſt un tyran.

RAJEUNIR. Les femmes rajeuniſſent leur minois, comme les incrédules des objections, & il ne réſulte de tout cela, que de la vieillerie.

RAILLER. Il y a trois fortes de railleries, l'une qui chatouille, l'autre qui pince, & la derniere qui égratigne. La premiere exige beaucoup plus d'efprit, & tout homme fociable auroit honte de s'en fâcher. Quant à la maniere dont nos jeunes fats ofent railler aujourd'hui, elle eſt ſi pitoyable, qu'il n'y a pas une perſonne de bon ſens qui n'en ſoit indignée. Les railleries ne furent jamais des raiſons, & ſur cet article elles ſont tout ſimplement des extravagances.

RAISON Faculté de l'ame qui conſiſte à ſéparer le faux du vrai, à ne ſe laiſſer éblouir ni par la beauté d'une expreffion, ni par celle d'une penfée, à favoir s'arrêter là où la divinité a pofé des bornes. La nouvelle Philofophie en paroiffant vouloir élever la raifon au-deffus de fa fphere, l'a dégradée d'une maniere étrange ; puifque c'eft mettre l'homme au plus bas, que de le déclarer matériel, c'eft à-dire, égal à la bête.

RAISONS. Les raifons qu'on allegue pour foutenir une opinion font très-fouvent fauffes, mais la raifon eft toujours vraie, de forte qu'on ne s'égare, que parce qu'on ne l'écoute pas.

RAISONNABLE. Il n'y a rien de moins raifonnable que les paffions, auffi faut-il toujours les diriger, fi l'on ne veut pas donner dans des écarts.

RAISONNEURS. Les écoliers, & les laquais font de francs raifonneurs, ils ont toujours mille chofes à répliquer, lorsqu'on leur reproche leur paresse, ou leur étourderie.

RAJUSTER. *Niblet* n'entre point dans une maison sans courir au miroir, pour rajuster son jabot, & pour s'admirer ; c'est par là qu'il commence avant de saluer ceux qui le regardent, & qui rougissent de sa fatuité.

RAMAGER. Ce mot se dit proprement des oiseaux, & veut dire chanter ; mais on l'emploie au figuré. Les étourdis ne font que ramager surtous les tons possibles, des inepties & des impiétés.

RAMAS. Ce seroit un ouvrage très-curieux, que le ramas de toutes nos modes, & de toutes nos frivolités ; qu'est-ce qui auroit le courage d'en entreprendre la généalogie, & d'en donner l'histoire.

RAMASSER. La colere ramasse tout ce qui peut mortifier une personne, lorsqu'elle s'exhale en reproches & en imprécations, & sur-tout parmi les personnes de basse extraction.

RAMASSÉ. Un corps ramassé dans son épaisseur est ordinairement plus fort, & c'est par cette raison qu'on devroit enrôler des hommes de cinq pieds. Les recrues deviendroient nombreuses, & l'on auroit des soldats moins lâches que tous ces grands flandrins qui n'ont ordinairement en partage que de la taille.

RAMENER. Il est presqu'impossible de ramener à la raison un fat & un étourdi. Aussi peut-on dire avec vérité que tout pere qui a des enfants dans cette classe, est vraiment un homme malheureux.

RAMEQUINS. Espece de gâteaux faits avec du fromage, & qu'on sert dans les meilleures tables. Ils aident à la digestion.

RAMPARTS, ou boulevarts. Ceux de Paris sont maintenant si renommés par les cafés qui les décorent, par les farces qui les égayent, par le beau monde qui s'y rend, que ce feroit renoncer aux beaux ufages, que de ne pas s'y faire voir.

RAMPER. Les pauvres & les reptiles font deux efpeces qui rampent, & qu'on écrafe volontiers.

Une ame rampante eft celle d'un courtifan, d'un parafite, d'un voluptueux. On ne trouve chez ces trois efpeces que des fentiments bas, indignes d'un homme qui penfe.

RANCE. Que de vieilles femmes qui fentent le rance, & qui fe parent comme fi elles n'avoient que vingt-cinq ans.

RANÇONNER. On ne mange point chez les Suiffes qui tiennent cabaret, fans être honnêtement rançonné. Comme ils fe trouvent aux portes des maifons Royales, ils font payer l'honneur.

RANG. Le monde n'eft qu'un afsemblage de gens qui se poussent & se repoussent pour parvenir aux premiers rangs. *Timande* écarte la foule depuis plus de vingt ans, à dessein d'accrocher une dignité qui lui échappe. Enfin il l'obtient, & ses inquiétudes ne font qu'augmenter. Il voudroit vivre pour lui-même, & il ne vit que pour les autres.

RANGER. Les honnêtes gens se rangent du côté de la justice, & les politiques du côté de la faveur.

RAPACITÉ. Celle des usuriers ne fait qu'augmenter, & c'est le luxe qui l'entretient. *Lislin* sort en chenille dès l'aube du jour, & à l'insu de tout son monde qui est encore endormi, il va trouver le vieux *Siphon*, pour lui demander deux mille écus sur des bijoux. L'affaire s'arrange, & *Lislin* promet cinq-cents livres pour trois mois, pouvoit-il faire autrement ? Et qu'est-ce qui ofera le blâmer ? Il s'agit d'une fête qu'il doit donner à une Actrice qui fe moque de lui, & dont il fe croit éperdument aimé.

RAPETASSER. Ce qui eft en ufage chez la plupart des Auteurs.

RAPETISSER. Il eft étonnant de voir comment les hommes fe rapetiffent devant les Grands, & comment malgré cette humiliation, ils cherchent à s'en approcher.

RAPIDE. La démarche d'un petit-maître doit être rapide, & c'eft en cela qu'on reconnoît fon agilité. Il n'y a de fortunes rapides que dans le Clergé; mais quelles fortunes, quand on fait que le bien de l'Eglife eft le patrimoine des pauvres, & que les honneurs du Sanctuaire, exigent la plus profonde humilité.

RAPINE. Mot qui n'eft que trop connu dans le fiecle où nous fommes, mais fur lequel il faut gliffer dans la crainte de donner lieu
à

à des soupçons téméraires, & à de malignes applications.

RAPPORT, ou rélation. La science des rapports, n'est autre que l'harmonie, & c'est-elle qui donne à l'Univers tout son éclat, & toute sa perfection.

RAPPORTS. Le langage des commeres & des petits esprits, qui ne se nourrissent que de médisance & de malignité. Les rapports sont odieux à tout homme qui pense, & l'on ne sauroit avoir trop de mépris pour les rapporteurs. Il n'y a qu'eux qui entretiennent la flaterie, qui favorisent l'imposture, & qui sement la division. La Province est ordinairement le théatre des rapports & des caquets. Et il n'y a que les Couvents qui puissent lui disputer cet avantage.

RAPSODIES. Les brochures qui s'impriment journellement, ne cessent de nous apprendre ce que c'est.

RAQUETTES. Instruments dont on se sert pour jouer à la paume, ou au volant.

RAQUITTER. Mot usité parmi les joueurs, qui dans l'espérance de pouvoir se raquitter, perdent souvent des sommes, & quelquefois même leur fortune en entier.

RARE. Il n'y a rien de plus rare que l'esprit, quoiqu'on en donne à tout le monde, &. l'on en conviendroit, si l'on entendoit bien toute la force du mot.

RAREMENT.

Quand on suit d'un désir l'extrême violence
Au but qu'on se propose on parvient rarement.
Pour devenir heureux, un peu d'indifférence,
A souvent plus d'effet qu'un grand empressement.

RAS. Espece de serge qui se fabrique en Champagne, & dont la meilleure est croisée. Les ras de castor sont beaux & durables, quoique la mode en ait paſſé, & les veours ras, ſont toujours très diſtingués. Les Magiſtrats s'en habillent & les perſonnes à la mode dans le ſemi-deuil.

RASADE. Terme qui n'eſt uſité que dans le langage bacchique & que toutes les ſociétés connoiſſoient autrefois.

>Au milieu des raſades,
>L'amour nous a ſurpris;
>Il eſt en embuſcade
>Dans les beaux yeux d'Iris.

RASER. Il y a des femmes qui ſeroient obligées de ſe faire la barbe, ſi une pincette ne leur tenoit lieu de raſoir.

RASSASIER. Si les Grands n'avoient pas une ambition qui les dévore, ils conviendroient qu'on eſt bientôt raſſaſié de gloire & d'honneurs. *Rubek* ſe leve, & ſon antichambre eſt pleine de perſonnes qui l'attendent; il paroît, & des milliers de placets l'affiegent; il fort, & des foules de folliciteurs fe trouvent fur fon paffage, il dîne chez fes amis, & ils lui recommandent de la maniere la plus forte, des parents qui n'ont ni mérite, ni emploi, il rentre dans fon cabinet, & il voit cent lettres qu'il faut lire, & auxquelles il faut répondre, il fe couche, & toute la nuit fa tête eft remplie d'une affaire importante dont il doit donner le dénouement. Enfin *Rubek* eft l'homme du monde le plus digne de compaffion.

RASSEMBLER. C'eft réellement raffembler des ridicules & des vices, que de tenir table ouverte; de forte que fi les riches étoient bien confeillés, ils ne vivroient qu'avec quelques amis, & ils feroient des largeffes à je ne fais combien d'honnêtes gens qui manquent du néceffaire.

RASSIS. Le pain rassis est infiniment plus sain que le pain frais, mais c'est avoir le goût roturier, que d'en manger.

RASSURER. Les personnes qui ont peur se rassurent en chantant, & les incrédules en blasphêmant.

RATAFIA. Liqueur composée de noyaux, ou de fruits, mais qui quelqu'excellente qu'elle puisse être, ne peut se comparer au marasquin de Venise, ni à la fameuse huile de Vénus de Sigogne, dont il ne reste plus que le souvenir.

RATEAU. C'est ainsi qu'on appelle un petit instrument en or dont on se sert chez les Princes, pour tirer à soi les louis qu'on gagne au jeu.

RATELIER. Nom qu'on donne aux dents lorsqu'elles sont bien complettes & bien arrangées.

RATINE. Celle d'Angleterre, & d'Hollande est la plus estimée, &

c'eſt une étoffe que tous les Seigneurs François portent en habit pendant l'hiver, avec une doublure de velours, ou de ſatin.

RATURE. Choſe que connoiſſent les Ecrivains qui ne ſont pas trop prévenus en leur faveur, & qui travaillent moins pour avoir de l'argent, que pour ſe faire un nom.

RAVAGE. C'eſt un vrai ravage dans la littérature & dans la Philoſophie, que tous ces beaux eſprits, qu'on encenſe comme Philoſophes & Littérateurs.

RAVALER. La jalouſie ne ceſſe de ravaler le mérite des autres, ſoit par des mépris, ſoit par des railleries ; mais plus on eſt jaloux, & plus on ſe ravale ſoi-même.

RAVIR. Que d'Auteurs qui ſe voient ravir leur gloire après quelques jours d'applaudiſſements ! La vérité reprend ſes droits, la raiſon revient, le délire ſe paſſe, & un livre qu'on avoit vanté comme le chef-d'œuvre du génie, rentre dans la foule, & se perd dans l'oubli.

RAVISSANT. Mot souvent employé pour exalter des chiffons & des riens.

RAVISSEUR. *Euphrose* est complaisante au point de se laisser enlever, plutôt que de rendre un homme coupable de rapt. Il y a toujours des gens accommodants.

REBROUSSER, ou retourner sur ses pas.

On a beau faire des prieres,
Les ans, non plus que les rivieres,
Ne rebroussent jamais leur cours.

REBUFADE. Terme très-propre pour exprimer l'insolence d'un sentinelle, ou d'un portier.

REBUS. Especes de jeux de mots qu'on trouve sur les écrans, & qu'on entend quelquefois dans la société de la part de ces petits esprits qui se glissent par tout, & qui ne savent dire que des puérilités.

REBUT. Rien ne rebute les hommes comme la pauvreté, alors ils se retirent, & celui qui leur demande quelque secours, est toujours réputé mauvais sujet.

RECAPITULER. L'analyse, & la récapitulation, sont les deux choses qui coûtent le plus à un Historien, ou à un Orateur.

RECEPTACLE. Les villes sont le receptacle des passions, comme les cœurs sont l'asyle de bien des miseres, & de bien des fraudes. Le déhors en est beau; mais c'est être duppe que de ne pas pénétrer au-delà.

RECEPTION. Accueil qu'on fait aux personnes qui viennent nous voir; & qui ne sauroit être trop gracieux, si l'on considere l'avantage qu'on retire de la politesse & de l'aménité.

Eglon a l'esprit extrêmement borné, mais il s'est fait une réputation dans le monde, par la maniere honnête dont il accueille tous ceux qui vont le voir. On le loue, on l'aime, & il a plus de visites que tous ces hommes de génie, ou que toutes ces femmes distinguées, dont il faut essuyer l'humeur.

RECETTE. La meilleure qu'on puisse employer contre l'orgueil, est de penser souvent que la vie n'est qu'un instant, la naissance qu'une chimere, l'esprit qu'une étincelle, la fortune qu'une vapeur.

RECEVABLE. On n'est recevable dans la bonne société, qu'autant qu'on sait jouer. C'est la mode, c'est la loi, & quelque chose qu'on dise on ne changera pas cet usage que l'ennui a introduit, & que la cupidité soutient.

RECHAUFFER. Une amitié rechauffée ne dure pas long-temps.

RECHAUT. Meuble de cuisine qui se met sur la table lorsqu'il est en argent, & qu'on allume avec l'esprit de vin.

RECHERCHE. Celle de la vérité doit être l'unique occupation des savants, mais que d'opinions qui viennent à la traverse, & qui en empêchent! Chacun porte jusqu'au sein des études les plus sublimes, & les plus profondes, ses passions, & ses préjugés. Tout le monde étoit dans l'attente des œuvres de *Damon*. Il devoit éclairer son siecle, & sa nation, lorsque son livre venant à paroître, n'offre aux yeux de la raison que des paradoxes, & des singularités.

RECHERCHER. C'est la plus douce occupation de la vie que de rechercher le commerce & l'amitié des personnes éclairées, mais ces sortes de recherches ne sont plus de saison. On ne s'applique qu'à connoître les hommes que la faveur éleve, que l'opulence décore, & qui savent donner à souper. Qu'est-ce qui s'aviseroit d'aller faire sa cour à *Dorimene*, s'il n'avoit le meilleur saumon, les premiers petits pois, les plus excellents vins.

Les jours de marée suffisent pour le mettre en honneur; & pour lui mériter le titre d'homme de génie, quoiqu'il n'ait ni écrit, ni pensé, depuis qu'il existe.

RECHIGNÉ. Un visage, à qui cette épithete convient, ne plaît à personne, & lorsqu'on a le malheur d'en avoir un de cette nature, il faut faire des efforts de politesse, & des assauts de bonne humeur, pour qu'on puisse ne pas s'en appercevoir.

RECHUTE. Rien de plus à craindre dans la maladie, comme dans le péché.

RECIPROQUE. Il est si rare de

trouver des amours & des amitiés réciproques, qu'on pourroit assurer qu'il n'y en a point.

RECIT. la conversation comme la musique doit-être entremêlée de récits, mais qu'il est difficile d'en trouver qui soient tout à la fois agréables & utiles. Les uns ennuient par leur longueur, les autres par leur fadeur, de sorte que sur mille réciteurs, il n'y en a pas deux, qui sachent captiver l'oreille, & flater l'esprit.

RÉCLAMER. On reclame l'assistance des riches, l'équité des Juges, la protection des Grands, mais il y a tant de miseres, tant d'injustices, tant d'oppressions, que toutes les reclamations ne peuvent en arrêter le cours.

RECLUS. Quiconque a le courage de l'être, s'épargne la vue de bien des maux, & le récit de bien des folies. L'homme n'a que lui-même à combattre, lorsqu'il vit seul ; mais ce lui-même est son plus cruel ennemi.

RECOIN. Où en trouver un dans l'Univers sans trouble, sans chagrin, sans ennui ? Tous les lieux du monde se ressentent du désordre de nos passions, & l'homme le plus solitaire est tourmenté par ses pensées, & par ses désirs.

RECOMMANDATIONS. La plupart des Grands se débarrassent des solliciteurs par cette voie. Ils trouvent qu'il est plus facile de donner une lettre, que du secours, & ils s'en tiennent là. C'est une raquette qui renvoie la bâle. Une belle figure, est une belle lettre de recommandation.

RECOMPENSE. Le mérite, & la récompense sont presque toujours en opposition. On les réconcilie par fois, & c'est l'ouvrage des grandes ames.

RECOMPOSER. Ce que la plupart des Ecrivains devroient faire à l'égard de leurs ouvrages, lorsqu'ils les croient finis.

RÉCONCILIATION. Retour d'amitié, mais si rare qu'on seroit tenté de se persuader qu'il n'y a jamais de brouilleries. C'est toujours à qui ne fera pas la premiere démarche, & cette sotte vanité, retient jusqu'à la mort inclusivement, je ne sais combien de personnes qui ne demanderoient pas mieux que de se revoir.

RECONDUIRE. C'est une des affaires la plus importante de l'orgueil, ou de la grandeur, de savoir jusqu'où l'on ira pour accompagner une personne qui vient faire sa visite. D'*Alba* depuis qu'il existe, ne se repaît que de ces minuties, il jauge les hommes selon leurs habits, & plus on est galonné, plus on est sûr d'avoir part à ses révérences, & d'être reconduit au de là des bornes ordinaires.

RECONNOISSANCE. Il y a maintenant si peu de services rendus sans intérêt, & sans vanité, que l'on ne met presque plus les hommes dans le cas de manquer à la reconnoissance. On commence par se payer d'avance, dans la crainte d'avoir affaire à des ingrats.

RECONNOITRE. Ne pensez-pas que *Ménalque* environné de Seigneurs, fasse mine de vous reconnoître, & & qu'il ose vous saluer ; il est si poltron quand il s'agit d'honorer le mérite tout à cru, qu'il ne vous témoignera jamais d'amitié que lorsqu'il sera seul, ou lorsqu'il sera nuit.

RECOUDRE. La plupart de nos Tragédies ne sont que des vers recousus. Aussi n'ont-elles que quinze jours de durée ; & encore la cabale doit-elle souvent s'en mêler.

RECOURIR. Bien des femmes n'ont recours à la dévotion que parce que leur vifage s'enlaidit. Elles feroient oubliées, & on les cite comme dévotes. Moyen affuré d'être quelque chofe, & de revivre une feconde fois.

RECOUVRER. Quelque chofe que *Silton* puiffe entreprendre, il ne recouvrera jamais les protections qu'il a perdues. Ses extravagances malgré fon efprit & fes faillies, l'ont reduit à la plus trifte mifere, de forte qu'on ne peut l'envifager, fans s'appercevoir que *Silton* eft un homme frappé de la foudre, & qui fent encore le fouffre.

RÉCRÉATION. Mot qui fignifie délaffement, & qui vient de ce qu'on éprouve en quelque forte une feconde création, lorfqu'on foulage fon efprit & fon corps par la promenade, ou par le jeu. Les récréations enfantines ne font plus à la mode, parce qu'on ne fait plus de débauches d'étude comme autrefois; ce qui rendoit nécessaires ces sortes de passe-temps.

RÉCRÉER. Il est flateur de récréer une société, pourvu que cela ne dégénere pas en bouffonneries, mais il n'est pas moins humiliant de faire rire toute une ville pour pouvoir subsister. Tel est le métier des Comédiens, qui recréent le premier venu pourvu qu'il paie.

RECREPIR. On recrepit un mur, lorsqu'on le repare, & l'on recrepit un visage lorsqu'on le farde.

Fin du Tome second.

De l'Imprimerie de J. M. BARRET, 1768.

www.ingramcontent.com/pod-product-compliance
Lightning Source LLC
Chambersburg PA
CBHW070856170426
43202CB00012B/2099